中国古代设计思想研究

以先秦独辀马车设计为例

胡伟峰 ◎ 著

中国轻工业出版社

图书在版编目（CIP）数据

中国古代设计思想研究：以先秦独辀马车设计为例 / 胡伟峰著 . — 北京：中国轻工业出版社，2017.12

ISBN 978-7-5184-1726-1

Ⅰ.①中… Ⅱ.①胡… Ⅲ.①车马器—设计—研究—中国—先秦时代 Ⅳ.① K875.34

中国版本图书馆 CIP 数据核字 (2017) 第 299892 号

责任编辑：毛旭林　　责任终审：张乃柬　　封面设计：锋尚设计
版式设计：锋尚设计　　责任校对：吴大鹏　　责任监印：张　可

出版发行：中国轻工业出版社（北京东长安街6号，邮编：100740）
印　　刷：北京君升印刷有限公司
经　　销：各地新华书店
版　　次：2017年12月第1版第1次印刷
开　　本：787×1092　1/16　印张：9
字　　数：200千字
书　　号：ISBN 978-7-5184-1726-1　定价：58.00元
邮购电话：010-65241695
发行电话：010-85119835　传真：85113293
网　　址：http://www.chlip.com.cn
Email：club@chlip.com.cn
如发现图书残缺请与我社邮购联系调换

171401K2X101HBW

本书获得

江南大学产品创意与文化研究中心、中央高校基本科研业务费专项资金（2017JDZD02）专项资助

序

  轮子和车的发明是人类文明进步的标志性事件，据说黄帝号轩辕氏，家里就是造车的。《释名》曰："黄帝造车，故号轩辕氏"。而作为"一器而工聚"的中国古车，最能体现传统制器造物的技艺水平，包含了极其丰富的文化内涵和人文价值。选择商至秦这个时间段研究古车，一是因为商至秦是古车发展的黄金时期；二是因为商至秦有百家争鸣的制器造物思想和文献，也有"厚葬"保留的大量可靠的考古素材。

  本书采用实物考察和文献研究相结合的方法，用"人为事物"的观点，考证和推衍古车的物理结构和意向功能，通过"情境"（使用情境和设计情境）来组织设计理念和设计知识，试图基于"双重证据"获得商至秦独辀马车的设计思想，归纳设计策略、形式意味和观念价值，为交通工具提供现代阐释及应用展望。探究过去的历史，交流今天的学习，促进更加深入的批评和讨论，是出版本书的意义。

  最后，我们必须认识到本书关于古车设计的研究是一种交叉的研究范式，是历史研究和现代诠释的结合，其中的不足和不够在所难免。历史长河源远流长，"痕迹"却只有星星点点。因此，只要尽力而为，一切努力都是值得付出的。

湖南大学 赵江洪
于岳麓山
2017年11月22日

自序

中华文明博大精深，悠久的造物历史蕴藏了丰富的设计思想和造物文脉，是中华民族一笔宝贵的文化遗产。对于古代器物设计和设计思想的研究，目的是揭示造物艺术的文化内涵，探索传统设计文脉，重建古代设计思想之人文价值。

本书以人为事物属性为主线，首先对先秦独辀马车的使用情境和设计情境进行系统研究，然后对先秦独辀马车进行深入细致的文献考证和文物调研，勾画了先秦独辀马车的发展历程和演进逻辑。在此基础上，分别从人为事物的"物理结构"和"意向功能"双重属性出发，对先秦独辀马车的设计制造范式和设计思想进行系统研究，并结合现代设计理念和思维逻辑对传统设计思想进行现代阐释。

笔者本、硕、博在湖南大学设计艺术学院学习，对设计的对象、原理与方法、设计评价等进行了系统的训练和学习，2010年获得设计艺术学博士学位。先后在南京航空航天大学工业设计系、江南大学设计学院工业设计系任教至今，期间对于中国传统设计思想和造物文化进行了系统的研究。近年发表了以传统造物思想、设计理论与方法为主题的学术论文三十余篇，主持省部级科研项目四项，主持企业产品设计与开发项目近百项，扎实的设计艺术学专业素养以及多年的设计研究和实践经验，是撰写本书的基础。

本书相对于市场上同类图书具有显著的特点和创新之处，本书基于设计的视角系统研究先秦独辀马车的使用情境和设计情境、发展历程和演进逻辑、设计制造范式和设计思想，并对先秦独辀马车的设计思想结合现代设计理念和思维逻辑进行阐释，目的是从传统造物思想和设计文脉中发现设计灵感，启迪现代设计。目前学界关于先秦独辀马车的研究绝大多数是从考古学、科技史、美学等角度进行，因此本书从设计视角对先秦独辀马车的设计思想进行研究是对该领域研究的突破与创新。

由于笔者时间和精力有限，本书中的相关研究肯定有不足或者不妥当之处，欢迎各位专家和读者不吝赐教，切磋交流，共同提高！

江南大学设计学院　胡伟峰

2017年11月1号

目录 Contents

第1章　绪论 /1
1.1　引言 /1
1.2　研究背景与文献综述 /2
1.2.1　传统器物设计思想研究 /2
1.2.2　中国古代车马国内外研究进展 /6
1.2.3　课题国家项目来源及论文背景 /11
1.3　研究方法 /12
1.3.1　系统与系统分析的思想方法 /12
1.3.2　实物考证与文献研究相结合 /13
1.3.3　文化人类学研究方法 /15
1.3.4　设计比较研究方法 /15
1.4　选题意义 /16
1.4.1　商至秦古车的设计思想探索 /16
1.4.2　设计理论体系构建 /16
1.4.3　产品设计本土化与国际化 /17
1.5　论文各部分的主要内容 /18

第2章　古车——"行"之人为事物 /20
2.1　"行"之人为事物概念辨析 /20
2.1.1　人为事物 /20
2.1.2　"行"的"事"与"物" /22
2.2　"行"之人为事物的分类与定位 /23

        2.2.1 "行"之人为事物的分类 /23

        2.2.2 "行"之人为事物的研究定位 /24

        2.2.3 以引重致远建立事理研究目标系统 /24

        2.2.4 "引重致远，载道明礼"——中国古车的人为事物观念 /25

    2.3 "道器并举"——中国古车的设计思想取向 /26

        2.3.1 设计思想的基本概念 /26

        2.3.2 中国古代器物的设计思想 /27

第3章 得其圜中——商至秦独辀马车设计与使用 /29

    3.1 商至秦古车的使用 /29

        3.1.1 中国地理环境与古代道路 /29

        3.1.2 中国传统社会文化、政治经济与造车理念 /32

    3.2 商至秦古车的设计 /38

        3.2.1 商至秦手工业发展概况 /38

        3.2.2 木材加工技术与古车设计制造 /39

        3.2.3 金属加工技术与古车设计制造 /40

        3.2.4 马匹驯养技术与古车动力水平 /42

第4章 开物成务——商至秦独辀马车典型案例研究 /44

    4.1 商至秦独辀马车及其原理分析 /44

        4.1.1 商至秦独辀马车转动分析 /44

        4.1.2 商至秦独辀马车曳引分析 /48

        4.1.3 商至秦独辀马车承载分析 /49

        4.1.4 商至秦独辀马车系驾分析 /51

    4.2 商至秦独辀马车的发展历程 /52

        4.2.1 中国古车的起源之争 /52

        4.2.2 商代古车 /59

        4.2.3 西周古车 /60

        4.2.4 春秋战国古车 /62

        4.2.5 秦朝古车 /63

    4.3 商至秦古车的类型分析 /64

  4.3.1　乘用车——坐乘和立乘　/64

  4.3.2　战车——五戎　/65

  4.3.3　运输车——大车　/67

 4.4　商至秦古车的演进逻辑　/68

  4.4.1　技术的演进逻辑　/68

  4.4.2　动力的演进逻辑　/69

  4.4.3　古车设计与使用中人的逻辑关系　/70

第5章　制器范式——商至秦独辀马车设计与制造　/73

 5.1　商至秦独辀马车形制　/73

  5.1.1　商至秦独辀马车的形制设计　/73

  5.1.2　商至秦独辀马车的形制设计特征　/77

 5.2　商至秦独辀马车结构　/78

  5.2.1　商至秦独辀马车结构设计　/78

  5.2.2　商至秦独辀马车结构设计特征　/83

 5.3　商至秦独辀马车的材料与工艺　/84

  5.3.1　商至秦独辀马车材料与工艺设计　/84

  5.3.2　商至秦独辀马车材料与工艺设计特征　/85

 5.4　商至秦独辀马车装饰　/86

  5.4.1　商至秦独辀马车装饰设计　/87

  5.4.2　商至秦独辀马车装饰设计特征　/88

第6章　器以载道——商至秦独辀马车设计思想特征　/90

 6.1　商至秦独辀马车的设计认知策略　/90

  6.1.1　为轮，斩三材必以其时　/90

  6.1.2　审曲面势，以饬五材　/92

  6.1.3　古之为车，工无二伎　/93

  6.1.4　轮人有规，匠人有矩　/95

  6.1.5　巧者和之，合而为良　/98

 6.2　商至秦独辀马车的形式意味　/99

  6.2.1　中庸衡平，文质彬彬　/99

  6.2.2 轸方象地，盖圆象天　/102
 6.3 商至秦独辀马车的观念价值　/103
  6.3.1 引重致远，以利天下　/103
  6.3.2 以礼定制，尊礼用器　/105
  6.3.3 人为物本，物职所宜　/106
 6.4 传统设计思想的现代阐释及应用展望　/109
  6.4.1 设计思想和文化基因的古今传承　/109
  6.4.2 中庸、和合、尚礼——设计的本土化主题　/111
  6.4.3 文质彬彬——设计的形式与功能　/112
  6.4.4 人为物本——设计的人与物　/114
  6.4.5 传统设计思想的现代转化应用展望　/115

第7章 结论　/117

参考文献　/121

后　记　/133

第1章 绪论

1.1 引言

中国具有悠久的制器造物历史，奚仲作车、胡曹作衣、有巢氏作巢居等都是中国经典造物文化的体现[1]。传统器物是承载人类意图及饱含人类智慧的"人工物"，兼具实际功用和文化符码的双重属性。传统器物的形制、结构、材料、工艺、装饰等不仅体现了先民造物的科学技术水平，还蕴含了大量的文化信息和设计思想，对古代器物的研究是现代设计学人探索传统设计文脉的有效途径。

设计源于"制器造物"的人类劳动活动。设计实践必须有人类思想意识的指导，思想决定设计实践的成败。设计思想是一个十分宽泛的概念，"关于设计的认识和思考"[2]都是设计思想研究的范畴。传统器物设计除了受到科学技术因素的制约，还受到社会思潮、历史文化等宏观人文背景因素的影响。传统器物设计思想研究一方面要从器物设计制作经验、规范、原则等制器造物本身加以探索，另一方面还要从传统人文因素对器物设计制作的影响进行归纳。传统器物作为特定观念的承载物，延续着中华民族的设计文脉，通过对传统器物设计思想的探析和挖掘，可以领悟中国传统文化的人文精神、释读人与物的关系，借古鉴今，带给现代设计一些有益的启示。

设计是一种针对目标的问题求解活动[3]。人类的生存发展，伴随着一系列设计问题的解决，传统造物和现代设计除了语境的变迁之外，所面临的设计问题并没有本质区别，都是人类的生存与发展问题。除此之外，古代器物作为承载传统设计思想和人文因素的载体，具有强烈的区域文化特征，通过传统器物设计思想研究可以为现代设计的本土化发展提供新的发展契机。故而，研究传统造物活动及设计思想对于现代设计有重要的借鉴价值和现实意义。

1.2 研究背景与文献综述

1.2.1 传统器物设计思想研究

1.2.1.1 商至秦造物古籍文献研究

从大的文化背景研究看,"重道轻器"的传统思想对器物研究有着深刻的影响,致使长期以来文人士子不重视"器",将从事器物制造视为"末业""小道",君子不为。从事器物制造的工匠往往由于没有地位与学识,没有能力将造物实践做理论总结,更无所谓的思想升华;而重道轻器思想又阻隔了文人士子与工匠阶层的联系,致使许多工匠经验和设计思想被湮灭在造物和设计研究的历史长河中。另外,这种重道轻器思想导致文化研究的对象更偏重于"道"的哲学意义研究,如先秦诸子的著作大多关注哲学思辨、政治经济等,极少有专门针对器物制造的主题论述。然而,先秦诸子虽没有系统地论述工艺造物,但从散见于他们的哲学、政治和经济著作中,仍可看出各自的设计思想和观点,这些思想和观点较为突出地反映了中国传统的文化倾向,即"物"与"人"的一种道德层面的关系。"用物"关系到"做人",关系到"治国",制器造物与圣贤之道密切相关。如《老子》在论述"天地无为而生,圣人无为而治"[4]观点时,提及的"橐龠"(风箱)的工作原理(《老子·第五章》);在论述"有、无"命题时,提及的"车、陶器、房屋"的"有、无"空间辩证关系(《老子·第十一章》);在论述"天之道"和"人之道"时涉及"拉弓射箭"的基本规律(《老子·第七十七章》)。《老子》还提出了"天人合一""和谐共生""朴散为器""大制不割""有而不用"等器物设计思想观念和使用原则(《老子·第二十八章》《老子·第八十章》)。在《庄子》中亦涉及多种器物,《庄子·天运》记载了"引之则俯,舍之则仰"[5]的农业灌溉机械"桔槔";在《天运》《列御寇》《秋水》等篇中记载了使用车辆和舟船等交通工具的情形,并论述了舟船与车辆的功用和差异;《天下》篇中论及车辆"轮不碾地"以及镞矢和弩上发矢的机件;《列御寇》篇中提及车辆作为当时社会财富的象征,已成为赏赐的物品,也反映了当时车辆制作的情况。《庄子》还提出了"技近乎道""道通为一""以天合天""与物无际""忘适之适"等器物设计制造思想和观点。《墨子》关于造物的史料更为丰富,书中论述了战国时期的颉皋、云梯、橐、轩车、辎车、连弩车等机械器物的设计制造及使用情况,显示出了在机械工程方面的理论知识和工艺技术造诣。《墨子》还提出"兴利""节用""法仪""巧拙"等器物设计制造思想和观点。《孟子》对事物的客观属性有理性的认知,得出"夫物之不齐,物之情也"[6]的观点

(《孟子·滕文公上》);并强调设计要有法度可依,"离娄之明,公输子之巧,不以规矩,不能成方圆。"[6](离娄章句上);对分工和设计管理亦有独到见解(《孟子·滕文公上》《孟子·离娄章句上》)。

除了先秦诸子的著作论述之外,《考工记》《周易》《礼记》《尚书》等古籍也是研究商至秦造物设计的重要文献资料。《考工记》是关于先秦造物技术的专著,是先秦极为重要的手工业文献,李约瑟(Joseph Needham,1900—1995,英国生物化学家和科学史学家)博士视其为研究中国古代技术史的最重要文献[7]。《考工记》记载了官府手工业多个工种的设计规范和制造工艺,详细阐述了制车技术、铜器制造技术、皮革加工技术、建筑水利技术等先秦手工业生产技术和工艺美术成就,汇集了一系列生产管理和营建制度,一定程度上反映了当时的造物思想观念。《周易》是一部博大精深的哲学著作,内容包罗万象,也最为晦涩难懂,涉及"道""器""象""数""阴""阳"等重要哲学术语和概念,并提出"制器尚象""备物致用""开物成务"等重要的造物策略和思想理念,这些论述已经为其后历代的设计思想和观念奠定了基调和方向。《礼记》是我国古代一部重要的礼制典章制度书籍,集中体现了先秦儒家的政治、哲学、伦理思想,内容涉及造物百工的地位、造物与设计规范、用物制度等,反映出礼制约束下的造物观念和设计管理思想。《尚书》作为我国最古老的官方史书,保存了商周特别是西周初期的一些重要史料,涉及丰富的造物设计资料和论述。《尚书》中提及了桑树、漆、丝、竹、桐木等多种材料及其产地和运输方式,传达了大量的工艺设计相关信息;对于礼器、家具、武器等器具的器型、色彩、材料工艺等也有较多的记载和论述;阐述了"神本""人本"的思想转化以及以阴阳、五行、四方为基本要素的整体有序设计思想。

由以上商至秦古籍文献分析可知,商至秦时期是我国哲学、艺术、美学思想的发源时期,产生了大量关于制器造物的论述和思想观点(虽然多数是附带论及),这为本课题的器物设计思想研究提供了丰富的研究资源。然而,受"重道轻器"传统思想的影响,后世学者对于商至秦时期造物思想的研究相对稀少。譬如,有学者就认为后世学者对《考工记》的研究更具有经学立场,很少有工艺本位的研读,更缺乏对其所蕴含的设计思想的深入研究;即便作为我国考古学前身的"金石学",其研究重点也多数不是在器物制造上,而在文人士子所关注的道上面[8]。后世学者对于商至秦器物设计思想的研究缺乏,也就凸显了本文研究的必要性和价值。

1.2.1.2 传统器物设计思想研究

国内从事古代造物思想研究的学者大致来自工艺美术、设计艺术学、美学、科技史四个领域,他们分别从各自的专业视角对古代器物设计思想的不同层面进行研究[9]。

20世纪20至40年代,陈之佛、雷圭元、庞薰琹等从事工艺美术理论研究,确立了图案理论体系。20世纪50年代至今,清华大学美术学院史论系和陶瓷系的王家树(《中国工艺美术史》《装饰艺术史话》)、田自秉(《中国工艺美术史》《工艺美术概论》)和东南大学艺术学院的张道一(《工艺美术论集》《造物的艺术论》)等从工艺美术角度探研传统器物艺术及其设计思想,他们着重对古代器物的材料、工艺、造型、装饰以及艺术风格进行研究。

20世纪80年代起,我国开始了从工艺美术到设计艺术的观念变革,西方现代设计理论及方法大量引入,致使中国设计"从设计方法、作品风格到设计教育都在裂变之中"[10]。在吸收和借鉴国外现代设计理念和方法的同时,国内学者也逐渐开始尝试从现代设计艺术(工业设计)的视角对传统器物艺术和设计思想进行研究,大致可以从以下三个研究路径来归纳梳理。

(1)以传统器物对象为主线进行设计思想研究,该类研究多数选取某一特定领域或者特定时段的传统器物作为研究对象展开论述。清华大学柳冠中教授五位博士分别对"金、木、水、火、土"五行之"人为事物"进行研究,采用了"事理学"的理论框架和研究方法[11]。吴卫以传统升水器械——桔槔、辘轳、翻车、筒车、渴乌为研究对象,选取明末作为研究时段,分别从文化思想层面、造物认识层面、设计技巧层面、技术美学层总结了明末升水器械的设计思想。胡飞从"巧适事物"的角度探索了古代钟、铖、锁等"金"之人为事物的设计思维方式,并初步尝将传统设计思维方式应用于现代设计中。高炳学对古代炊事和冶炼相关的人为事物进行研究,提取了"火"之人为事物设计思想,并阐述"谋事"与"造物"的关系。杨瑞对木设计文化进行研究,分析了木设计文化的宏观语境、象征意义和核心精神。李咏春对生土建筑进行研究,并将中国古代生土建筑和美索不达米亚生土建筑进行比对,探讨了设计的适应性问题。东南大学张道一教授的博士徐飚对先秦工艺造物进行研究,从"器""道"等层面总结先秦造物思想,遵循"贯通道器,关照本质"的思想原则[8]。徐飚还对战国专用灯具、东周随葬器、圆钱等典型器物的演进逻辑和设计思想进行研究[12]。朱广宇将中国古代陶瓷分为"实用陶瓷""陶瓷礼器"和"丧葬陶瓷",并逐类总结了陶瓷的造物艺术思想[13]。朱广宇还通过分析夏商周三代逐步发展完备的礼制思想,阐述了从青铜礼器到陶制礼器乃至瓷祭器的发展脉络[14]。南京艺术学院王琥教授的博士生程颖对中国传统权衡器具的设计特征及其设计文化价值进行了系统的研究[15]。江南大学张福昌教授及其研究生许衍军对传统造型进行研究,并提取中国传统设计元素,尝试在现代产品设计中进行应用[16]。

以器物对象为主线的设计思想研究偏重于对象本身的物理特性和文化属性,通过对器物产生和演进的自然、人文背景考察以及器物本身形制、结构、材料工艺、装饰等层面的剖析和探索,结合相关文献描述归纳器物设计制作及使用中所遵循的设计经验和思想。

(2)以古籍文献为主线展开的器物设计思想研究,这方面的研究大多是选取某一本或者某一类书籍作为主要研究载体进行设计思想离析。清华大学李砚祖结合古籍文献提出了"工艺设计观"的六个方面[17]。他的《设计的智慧——中国古代设计思想史论纲》一文对中国古代设计思想史的发展进行了宏观描述,并阐述研究古代设计思想的意义。李砚祖又分别从《周易》《礼记》《庄子》等古文献的角度系统总结了古代的设计思想[18~20]。杭间也结合古籍文献总结了工艺美学思想的六个特征,即重己役物、致用利人、审曲面势、各随其宜、巧法造化、技以载道和文质彬彬[21]。李立新博士初步归纳了孔子、墨子、老子、庄子、韩非子、管仲等诸子的设计思想[22]。苏州大学陈正俊博士分析了《尚书》中与艺术设计史论关系密切的材料,试图阐明《尚书》在艺术设计史论领域的地位和价值[23]。谭秀江结合诸子著作以及《淮南子》《礼记》《诗经》《论语》等古籍文献,对历史主题及其阐释体系进行回溯和研究,试图在设计的遗构陈迹和传统惯例之间,在设计思想史的转换与衔接及其关节选择方面,推测并检验中国设计文化原型的衍义以及古典设计阐释体系的主要模式[24]。郭廉夫探讨了《淮南子》中对工艺规程的论述及其设计创新、尊重自然规律的设计思想[25]。梅映雪对《周易》的工艺文化人类学、工艺文化生态学、工艺文化符号学进行了研究[26]。肖屏等试图离析《考工记》中所蕴含的古代器物设计思想[27]。陈见东将《考工记》中的造物原则和设计思想与亚里士多德造物"四因说"进行比对研究,得出古希腊人的造物思维比较强调线形逻辑原则,而《考工记》则强调和谐原则的结论[28]。

以古籍文献为主线的器物设计思想研究偏重文本的分析,重点通过古代哲学家、思想家的言论和文献记载离析造物设计经验和思想观念。

(3)针对设计思想的本体研究,注重阐释设计思想的本质和内涵外延。苏州大学诸葛铠提出设计思想的三种模式,即模仿型、继承型和反叛型,并进一步提出"设计思想是一种观念,也是设计师的世界观,是设计过程的出发点和指导思想"[29]。潘鲁生提出工艺造物的三个方面:工艺造物制品多与农耕业相关;对自然材料的巧妙利用,制作技术的灵活随机性与创造器物实用功能和审美功能密切结合;造物过程重经验、感性和规矩、范式,所以制品形态具有人情味和程式化的双重特性[30]。香港理工大学梁町教授对中国古代设计文化进行较为深入的研究，其研究从中国古代哲学思想入手挖掘传统设计理念，并将这些设计理念和西方设计理念进行比对研究[31]。

从美学、古代哲学角度研究古代设计思想的有李泽厚（《华夏美学》）、武汉大学范明华及其研究生王彩虹（《"天人合一"与中国古典园林的审美追求》）、曹芸（《论中国古典园林艺术中的〈周易〉美学思想》）。张道一的博士生也略有涉及，如易存国（《乐神舞韵——华夏艺术美学精神研究》）等，这些研究主要从审美的角度研究古代造物的美学思想。

从科技史以及建筑设计角度研究古代设计思想的有刘仙洲（《中国机械工程发明史》）、刘克明（《中国古代机械设计思想与设计方法的研究》《中国古代机械设计中的创新意识》《中国古代机械设计思想的科学成就》《中国建筑图学的科学成就及其文化内涵》《中国古代有色铸造技术的设计思想和方法》）等，他们注重从技术的角度，对古代机械和建筑的技术原理、设计方法、设计思想进行科学求真研究[32]。

综合上述分析，从工艺美术史、美学以及科技史角度所进行的中国古代造物思想研究已经由来已久，相关著作、论文亦十分丰富；而从设计艺术学的角度入手对古代设计思想进行的研究还刚刚起步，相关研究成果还很欠缺。关于古代交通运输工具（尤其是古车）的设计制造思想研究尚十分缺乏。

1.2.2　中国古代车马国内外研究进展

关于中国古代车马，考古界和科技史界的研究人员已经做了比较多的探索和研究，为本课题提供了丰富的素材和参考依据，以下从不同角度对相关研究现状进行总结。

1.2.2.1　车马殉葬研究

车马殉葬是我国古代丧葬文化的重要组成部分，通过对车马殉葬研究可以更加真实地获取古车研究资料，并对车马葬中所反映出来的民族文化特性有较全面的认知。北京大学历史系考古教研室商周组编写的《商周考古》中对车马葬所反映出来的等级制度进行研究。20世纪80年代以来研究中国车马葬的学者逐渐多了起来，郑若葵将商代车马葬分为"车葬坑""马葬坑""车马合葬坑"三类，对商代车马殉葬制度进行研究[33,34]。北京大学吴晓筠以发现的商周时期独辀马车及其相关遗迹为研究对象，采用背景考古学等方法对车体型态、马车、车马器所在墓葬和墓地的相关问题进行研究[35]。赵海洲对目前我国所发现的东周秦汉时期有关车马埋葬的遗迹、遗物进行了系统梳理，在前人研究成果的基础上,结合文献资料,利用类型学等方法进行型式分析,并对相关问题进行了深入的探讨[36]。

1.2.2.2 古车车制以及制作技术研究

从车制以及古车制作技术入手的研究人员注重探索古车的形制、结构、材料工艺、装饰等,目的是为了揭示古车设计制作"是怎样的?"以及"为什么是这样?"。最早的研究是成书于春秋末战国初期的《考工记》,其中《轮人》《舆人》《辀人》《车人》等章节对先秦车舆的设计、制作进行了详细的记载。随后历朝历代的学者对《考工记》中的车制做了各种考辨与图解,如戴震的《考工记图》、程瑶田的《考工创物小记》、阮元的《考工记车制图解》、郑珍的《论舆私笺》、王宗涑的《考工记考辨》、钱坫(dian)的《车制考》等,但是他们由于未见过商周时期的马车实物,只能依据文献资料进行考究,所以复原的车制难免会出现一些谬误。20世纪上半叶(1920—1960),郭宝钧、石璋如等致力于先秦(尤其是殷商)车制研究及其复原工作,主持发掘了大量重要的车马坑遗址。郭宝钧在其《殷周车器研究》(1998)一书中分转动、曳引、承载、系马四个部分讨论殷周时期的车马形制,并根据车马器的形制、尺寸、出土状况复原部分不清楚的木车结构部件[37]。石璋如致力于殷代马车的复原工作,关注对象为殷墟出土的车马及车马器,曾根据考古车迹进行实物复原,发表了《殷代的车》(1968)、《小屯四十号墓的整理与第一类甲种车的初步复原》(1968)、《殷代第一类车的舆盘之演变》(1974)、《殷代第二类车》(1976)、《殷代车的研究》(1979)、《殷车复原说明》(1987)等多篇研究殷代车的文章。文物学家孙机运用文献与实物相互对照、互相印证的方法,在古车舆研究方面取得了令人瞩目的成绩。孙机提出的中国古代车制发展三个阶段说,为中国古车本土起源说提供了很有力的证据,在系驾法方面也有较深入的研究。孙机在《中国古独辀马车的结构》(1985)一文中结合大量的古独辀马车考古遗存对中国古独辀马车的结构进行了详细的探讨,图文并茂地论述了中国古独辀马车的车舆、盖、轴、轮、辀、衡、轭以及马具与马饰的形制与结构[38]。王振铎和李强从东汉入手研究车制,并且身体力行地复原东汉车舆[39]。刘永华综述了中国古车的发展历程及其各个时期的典型出土古车遗存资料,资料丰富,作者本人画的车舆图片也十分精美[40]。

1980年随着秦陵铜马车的发掘,对于中国古车制的研究又进入了一个高潮时期,发掘报告和研究文献不断涌现。由于秦陵铜马车完全由金属制造,所以其形制保存完整、清晰,也使得很多车制研究中一直悬而未决的问题得到了澄清。袁仲一等全面考察铜车马的形制、结构、鞍具及其系驾方法、车载兵器及其他杂器、制造工艺等内容，并考释有关车制与铜车马各部件的名称，论证翔实[41,42]。其后，袁仲一又结合古籍文献以及车马实物遗存对秦始皇陵铜车马有关部件的名称做进一步深入的考释[43]。党士学结合古籍文献以及铜车马实物对秦陵一号铜车马的车制问题、车舆结构及其附件与兵器做了详细的阐述[44]。赵士祯等研究了秦陵铜车马的文化渊源及其产生的历史必然性，剖析了秦陵铜车马的特点，用形制典型、驾系方式科学、车舆结构完备等来概括[45]。渠川福在对太原晋国赵卿墓车马坑的研究中，对东周车毂、车辋、车轮等结构的制造工艺进行讨论[46]。也有一些研究人员专门针对车轮、车辖、伏兔、当兔等零部件进行研究。李强通过文献及出土文物对汉代车轮进行分类研究，考订了其结构与名称，并进行了复原，另外他还对汉代制轮工艺特点进行了考察[47]。戴吾三对《考工记》中有关车轮的检验内容做了新的探讨，将轮的检验方法归为表观检验和定量检验[48]。张方涛、常军等通过考察相关资料将两周时期无键车辖与普通车辖对比，得出二者功能近似，但使用方法有别的结论[49]。朱思红和宋远茹结合大量的古车遗存对伏兔、当兔的形制和结构尺寸进行了详细的阐述，并对其减震原理进行探讨[50]。

还有一部分研究人员对古车摩擦学、力学、机械等方面的科学原理进行探究。刘克明和杨叔子讨论了车轮制造技术中所反映出的中国古代摩擦学成就[51]。党士学结合力学原理，通过对铜车舆底结构、轴辀装配和牵引系统的考察和分析，探索了其中所体现出来的力学应用问题。党士学还对原来称作协驱挂带的"U"字形吊带，在释名和用途方面提出了全新的见解，指出并分析了该部件在马车下坡刹车、制动停车和转向调头等驾控中的重要作用[52]。黄富成探讨了先秦马车在构造技术上的车辆重心平衡与协调问题[53]。黄富成还对两周至秦独辀马车的衡、轭形制和结合构造；曲辀与直辕优劣对比；伏兔、当兔与车辆平衡；车辆利转（摩擦处理）以及"夹辐"等问题做了深入探讨[54]。

针对古车设计制造中的具体技术、工艺等方面，胡永庆在讨论先秦时期的细木工榫结合工艺时论及了车牙、车舆等部件的榫卯连接结构[55]。张彦煌等在对考古发掘的商代马车所进行的复原工作中，对车的结构（特别是轮、轴、毂、舆、牙）以及车上各部件榫结合结构进行了特别的关注[56]。贺陈弘和陈星嘉除了根据《考工记》及其他文献记载的古代马车尺寸予以查考转换为现代公制尺寸外，更依据出土文物和工程力学知识推算出文献资料记载不详的部分，使古代独辀马车的主体部件完整确切地转换为现代的工程图纸，进而能够制造出该车制的实体[57]。李民和王星光论述了《考工记》中车的制造以及工艺，对《考工记》中造车的一系列工序和检验方法进行了详细的阐述[58]。李民和王星光还对《考工记》中车的制造规范进行探讨，将其概括为坚固、轻巧、快速、平稳、舒适、通畅和美观[59]。

1.2.2.3　古车马系驾法的研究

对于中国古代马车系驾法的研究，有助于探讨中国古车的起源问题。孙机先后发表了《从胸式系驾法到鞍套式系驾法——我国古代车制略说》《中国古代马车的系驾法》《中国古马车的三种系驾法》等关于中国马车系驾法的文章，论述详实，观点新颖。他的《中国古马车的三种系驾法》(1984)一文系统地阐述了中国古代马车的三种系驾法：轭靷式、胸带式和鞍套式，指出轭靷式系驾法使用于商周至战国时期，这种系驾法是中国发明创造的[60]~[62]。郑若葵也对商代马车的形制和系驾法进行复原研究[63]。

1.2.2.4　车马器的研究

关于中国古代车马器的古籍文献记载不多，只有少许文献中附带提及。后代学者对于中国古代车马器有一些考证，如清代的阮元在《金解》和《革解》中提到了车马器制度。由于缺乏实物进行验证，这方面的研究只是停留在古文献记载层面。

考古学引入中国以后，大量的车马坑被发掘，大量车马器实物遗存的出土使得古代车马器研究开始活跃起来。1932年浚县辛村1号墓的发现，为车制研究提供了很多实物材料。郭宝钧的《浚县辛村》提及了诸多车马器[64]，他在《殷周车器研究》一书也附带论及车马器。石璋如对殷墟出土的车马及车马器比较关注，他的多篇文章中对殷墟出土的车及车马器进行研究，并致力于殷代马车的复原工作[65]。

20世纪80年代以来，继郭宝钧和石璋如之后，越来越多的研究者对车马制度和车马器进行研究和论证，主要是以车马器讨论车制和系驾法。杨宝成对于殷商车制研究也都做出了独到贡献，对商代马车的起源、形制、车马器等均有深入细致的研究[66,67]。张长寿和张孝光依据铜车马器的形状、大小、位置，综合年代相当、结构相近的车，对殷周车制进行了复原[68]。朱凤瀚在《古代中国青铜器》(1995)中的《车马器》一节对几种主要的车马器进行了简单的型式分析。汪少华和许嘉璐所著《中国古车舆名物考辨》对现代考古研究中车舆马具定名进行审视和研究，评判各家观点和争论。吴晓筠基于大量的考古发掘材料，利用类型学的方法对几乎所有现有的车马器进行了较为详细的谱系分析，为铜车马器应用于墓葬断代以及其他相关研究提供了基础[69]。

1.2.2.5　战车与车战、车马礼仪制度等研究

战车与车战也是中国古车马研究中比较重要的方面。杨泓依据考古资料和

文献记载，对于上古战车形制、结构、车战方式等做深入的探讨[70]。杨英杰以古文献与考古资料相结合、中外历史相比较的研究方法对中国古战车的形制、分类、挽马、武器、旗鼓金、甲士与步卒、编组以及车战的战阵、战法、兴衰等做了深入全面的论述，力求复原先秦时期的车战的编组、战阵及战法[71]。郭物对战争与礼仪、战车、战争兵器做了系统的阐述，战车部分主要讲述了战车在中国的出现及其形制、结构和战车在社会活动中的功能[72]。

关于车马礼仪方面，《仪礼》《诗经》《舆服志》等古籍文献都有关于车马礼仪及制度的记载。后人也多基于这些古籍记载来研究车马礼仪，如台湾曾永义就从《仪礼》中所使用的车马、驾车马术考、马结构、车饰和马饰等四部分进行研究[73]。杨文胜根据《诗经》中的记载结合《周礼》以及考古材料对周代的用马、战车类型、周王赐车、车马器等方面进行论述[74]。杨之水对《诗经》中的车马车制、车马器、车战的情景做了详细深入的论述[75]。张连举针对《诗经》中所描述的乘车、战车、田车等三类车的意象传承进行表述[76]。戴吾三和张莺中研究了古车被赋予的社会功能，古车和社会文化观念的相互影响[77]。黄富成和衡云花从不同层面和角度论述殷周贵族行车中的礼俗[78]。

1.2.2.6　国外对中国古车的相关研究

李约瑟（Joseph Needham，1900—1995，英国生物化学和科学史学家）在其《中国科学技术史》（Science and Civilisation in China）中专门用一节的内容讲述各种车辆，内容涉及过去被人忽视的牲畜挽具[7]。林巳奈夫（HAYASHI Minao，1925—2006，日本考古学家）对中国马车的起源进行探索，并对东西方的马车结构和系驾法进行比较研究。他在《周礼考工记之车制》一文中将《考工记》中轮人、舆人、辀人的记载逐条进行考释，并进行尺寸换算和图像复原[79]。美国芝加哥大学著名汉学家夏含夷（Edward L. Shaughnessy）、荷兰学者李特尔（M.A. Littauer）和克伦威尔（J.H. Crouwel）、英国考古学家皮格特（S. Piggott）等都对中国古车的起源问题有过研究[80]。国外学者对中国古代器物艺术研究不多，专门针对中国古车的研究就更少。中国传统器物设计艺术的研究工作还是要依靠中国学者去完成，应该是通过国人的研究，将成果传递给国际同行，从而让世界了解中国古代的器物设计，真正做到促进人类设计文化的交流。

以上针对中国古车马的研究不论是国内还是国外绝大多数是从考古或者科技史的角度，对中国古车的形制、结构、材料工艺、装饰以及所涉及的技术原理等进行陈述或者剖析，大多基于"物"、着眼于"点"，是一种器物的"物理"描述。而基于设计艺术视角，从"美"和"真"相结合的角度对中国古车进行系统研究还比较缺乏。国内武汉理工大学硕士研究生钟正基以及宁波大学的麦秀好和沈法等从《考工记》的角度初步总结了中国古代车辆设计思想[81, 82]，然而仅从《考工记》的描述比较难以全面地探索古车的产生及发展社会文化及自然背景，更难以从社会文化、哲学思维等较抽象层面探索其设计思想。清华大学硕士研究生欧阳晋焱简单地分析了秦汉车辆的形制和结构，最后初步归纳了秦汉车辆的设计思想[83]。可见中国古车设计思想研究尚十分缺乏，仅有的少数几篇论文也缺乏应有的深度和广度，需要更多现代设计学人去进行更深入系统的探索和挖掘。

1.2.3　课题国家项目来源及论文背景

论文研究的课题来源是湖南大学主持的"中气专项"——《中国高水平汽车自主创新能力建设》子课题。该项目的目标是开发一款接近量产的中高档级别的行政轿车概念车，运用并整合现代汽车设计的理论、技术与方法，培养中国汽车设计制造的创新能力。本课题主要负责行政轿车外观造型设计及设计理念研究工作。课题从2007年12月开始，至2008年12月为止已完成一款具有自主知识产权的汽车造型设计工作，该课题的理论和实践成果为本论文的研究奠定了重要的工作基础。

经过大量的考察，最后选定古代陆上交通工具——古车作为论文研究对象，主要是基于以下原因：

从器物制造技术及方法角度，中国古车零部件繁多（如秦始皇铜马车每辆零部件多达三千多个），涉及转动机构、摩擦处理、各种部件之间的连接技术等，包含了大量的技术原理，代表了传统造物的技术精华，最能体现传统造物的科学技术水平。中国古车还采用了金、银、铜、铁、玉、骨、木、皮等多种材料，涉及了多种材料加工工艺。古代造车由多个工种分工合作，所谓"一器而工聚焉者，车为多"，体现了古代造物者的造物智慧、技术策略以及设计、生产、管理思想。先秦重要的科技典籍《考工记》继总论开篇之后论述的第一个专题就是造车，从篇幅上看，《考工记》全书总共6981字，仅谈车就占1589字（包括后面的"车人为车"所说的大车），可见车在先秦造物领域的地位之重。

先民造物在满足其使用功能的前提下往往给器物本身赋予更多的"文化意义"——即通常所谓"载道"，"器以载道"思想贯穿整个中华民族的造物史。无论是在中国还是在西方国家，古车都是主要陆上交通运输工具，在国家政治、军事、经济、民生等领域都扮演着极为重要的角色，是古代文明的物质载体。通过对中国古车的研究可以挖掘古车所承载的文化意蕴、设计思维、审美范式、价值观念等，对于中国现代设计的本土化发展至关重要。

选择一个具有代表性、典型性历史时段的古车进行论文研究同样重要，本文选取"商至秦"时间段来研究主要基于以下原因：

在中国古车发展历程中，"商至秦"是古车发展的黄金时期和高峰时期。"商至秦"时期古车形制、结构、材料工艺、装饰等已经非常成熟和完善。孙机研究认为，"在这2000年中，车制虽然不断发展，若干局部构造也有不少改进，但是总的来说，并没有根本性的突破"[84]。另外，商至秦是古车的一个完整的发展时期，自汉朝开始中国古车的发展呈现出种类不停增多的趋势，而且缺乏明显的演进关系，给研究带来很多干扰。

"商至秦"时期涌现出一大批启蒙思想家、工艺家、文学家、政治家，学术思想呈现出百家争鸣的局面。孔子、孟子、墨子、老子、庄子等先哲学识渊博、思想深邃，他们的思想和观点对于整个华夏民族世界观和价值观都产生了根本性的影响。诸如《考工记》《周易》《礼记》《尚书》《论语》等各种文献著作层出不穷，这个时期先后出现了如此多文学上、哲学上、科学技术上的伟杰，不能不说是以这个时代为历史背景的。

从研究的客观条件来讲，"商至秦"时期的丧葬习俗讲究厚葬，贵族士大夫的墓里埋葬了大批古车，这些古车的发掘为本课题的研究提供了大量真实可靠的研究素材，使得本文的研究更加有据可循。汉武帝时期废除了车马实物埋葬制度，所以从汉朝起，车马坑出土的实物研究资料已经十分稀少[36]。

虽然本文限定的研究时段是"商至秦"，然而却不想以此为框框对研究做一个机械死板的时间限定，也不会从商至秦将中国古车逐一阐述，而是抽取其中的重点进行研究。

1.3 研究方法

"一个民族要想站在科学的最高峰，就一刻也不能没有理论思维"[85]。越是科学的方法就越能认识和揭示事物的本质，为了继承和弘扬传统设计文化，必须应用先进而科学的研究方法。本文以系统论的思想统筹全文，从文化人类学的视野，采用实物考证和文献研究相结合的方法对"商至秦独辀马车的设计思想"进行系统研究。

1.3.1 系统与系统分析的思想方法

系统一词源于古希腊语，是由部分组成整体的意思。中国的系统思想源远流长，早在五千多年前黄帝时期的著作《内经》就已经包含了系统思想和观念，老子思想中的"道"和"一"与系统的概念在某种意义上也具有相通性[86]。中国春秋战国时期就设计和建成的闻名世界的"都江堰"水利工程被认为是成功的系统工程。然而，真正意义上的系统论学科是由美籍奥地利生物学家贝塔朗菲（Luduig Von Bertalanffy）在20世纪30年代开始构建的。所谓"系统"是指由若干要素以一定结构形式联接构成的具有某种功能的有机整体[87]。系统的定义中包括了系统、要素、结构、功能四个概念，表明了要素与要素、要素与系统、系统与环境三方面的关系。其中，结构是指系统内部各要素之间的组合关系和联接关系；功能则是系统与外部环境之间的相互作用而表现出来的规定性。结构是功能的基础，功能是结构的外化，是结构系统与外部环境之间进行的质量、能量和信息的交换[88]。系统的功能是由系统的结构决定的，结构不同，功能也自然不同；系统的功能同时受外部环境的制约。以现代系统论为代表的科学研究成果，使人们认识到事物是一个多层次、多时空的网络交叉结构，它促使人们的研究方法和思维方式产生了根本性的变革。系统论认为一件产品、机器和一座建筑都是一个系统。具有复杂机械结构的中国古车是一个典型的"系统工程"，因此研究古车必须采用系统的思想和方法，绝不能仅仅对古车的本身进行研究，而要从古车产生和发展的自然地理、技术基础、人文思想背景入手，研究古车产生和发展的宏观语境、演进逻辑，甚至将中国古车和世界范围内的古车作为一个大系统进行比对研究。

1.3.2　实物考证与文献研究相结合

传统器物的设计与制作已然成为历史，现代研究与几千年前的事物产生联系的途径主要有两条：一是考古发掘出古代器物实物遗存，对发掘出的古车实物进行研究并总结出其中所包含的设计思想，该方法称为实物考证研究法；二是通过古代遗留下来的古籍文献进行研究，以求从中离析和诠释出古代造物设计思想，可将其称为文献研究法[8]。王国维曾在《古史新证》中说"吾辈生于今日，幸于纸上之材料外，更得地下之新材料。由此种材料，我辈固得以据以补正纸上之材料，亦得证明古书之某部分全为实录；即百家不雅训之言，亦无不表示一面之事实。此二重证据法，惟在今日始得为之"[89]。王国维的"二重证据法"中的二重证据分别指"纸上之材料"和"地下之材料"。所谓"纸上之材料"，指的是传世文献、古籍记载；而"地下之材料"则是考古发现、史料，泛指种种考古文化遗存[90]。"二重证据法"就是以已有的纸上之材料，解释新发现的地下之材料；又以新发现的地下之材料，印证纸上的材料，两重证据互为表里，互相印证。

"二重证据法"被广泛应用于古史研究、考古学等领域，在设计研究领域的应用还较少。本文采用实物考证和文献研究"二重证据"相结合的方法对中国古车的设计思想进行研究。在实物考证方面，先后深入淄博、西安、洛阳、安阳、三门峡、郑州、南京、马鞍山等地的古车马坑遗址及博物馆实地考察（见图1.1），收集第一手实物资料数据，分析和掌握了上百辆古车的实物资料和照片，并采用三维软件构建了两辆古车电子模型（参看附录B和附录C）。在古文献研究方面，阅读了大量相关古籍和后世研究文献，诸如《考工记》《周易》；《周礼》《诗经》《尚书》《左传》《国语》；《论语》《墨子》《庄子》《孟子》《荀子》《老子》《礼记》等，这些著作论述精辟、颇多卓见，闪烁着中华文化的光辉，其中不乏有丰富的古代器物设计方法和设计思想的记载和描述，正是通过这些思接千载、历经千古的文献典籍才得以恢复对遥远先哲们的思想追忆。

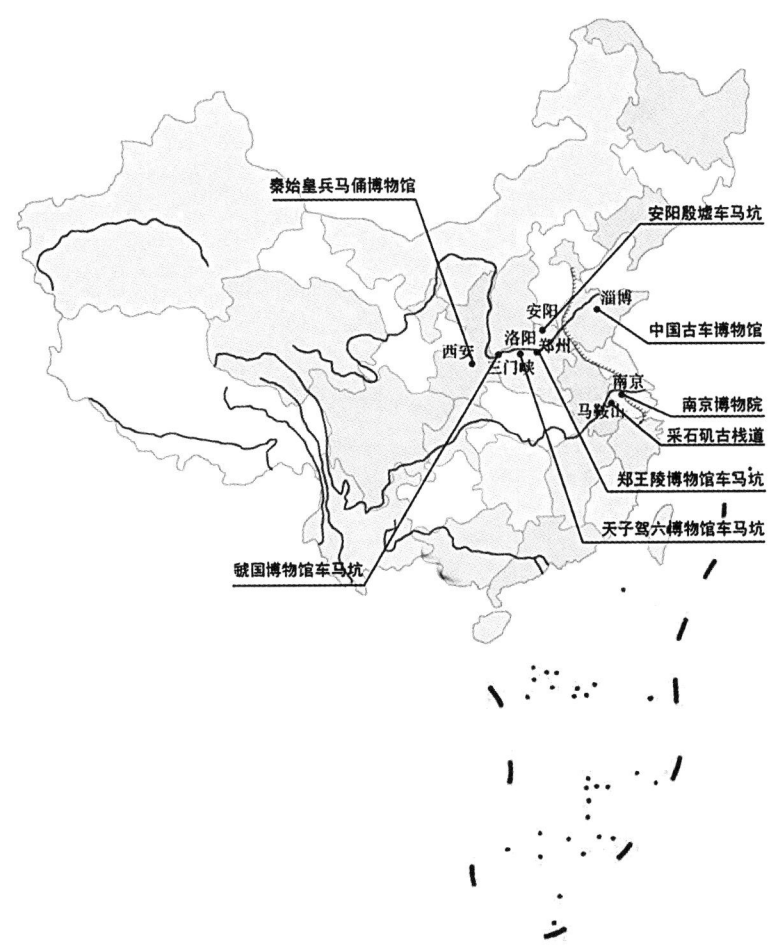

图1.1　中国古代车马坑遗址考察路线图

1.3.3 文化人类学研究方法

文化人类学（Cultural Anthropology），就是从物质生产、社会结构、人群组织、风俗习惯、宗教信仰等各个方面，研究整个人类文化的起源、成长、变迁和进化的过程，并且比较各民族、各部落、各国家、各地区、各社团文化的相同点和相异点，藉以发现文化的普遍性以及个别的文化模式，从而总结出社会发展的一般规律和特殊规律[91]。传统社会群体行为、价值观念、信仰、风俗习惯、生活方式等都会对人类的造物活动产生影响，从文化人类学的角度解读传统器物艺术，不是停留在器物表层元素（如图案、造型等）的解读和描述，而是深入到艺术品产生所依持的文化根基、背景、语境之中，用最执著的信念去探究器物作品背后的文化运作规律，追问其深层的文化渊源。换言之，依据文化人类学的视角，器物艺术研究不仅要注重传统文本作品的解读，更要突破传统，张扬实践精神，到具体的器物艺术产生场景中去观察，对特定领域下的文化细节进行"深描"（thick description）。通过传统器物研究可以窥探人类的文化环境，器物在某种程度上成了人类文化的表观符号[92,93]。反之，脱离文化的器物制造必然会与人类的价值观、信仰、风俗习惯、生活方式等脱离和割裂。古代的车辆集学者和匠人的造物智慧，蕴含了社会文化符码、人文思想、生活方式，范围涉及物质文化、制度文化和精神文化领域。因此，本文在研究思路上，并非只将目光聚焦在车辆本身，而是透过古车物象本身，从其使用、设计制造所处的人类活动情境等方面探讨文化对于古车的影响，也就是从文化人类学的角度去调查收集文献资料，并加以解构、重构与整合，据此达到预想的研究目的。

1.3.4 设计比较研究方法

黑格尔（George Wilhelm Friedrich Hegel，1770—1831，德国哲学家）说："外在的反思使差异物与等同和不等同有了关系，这种关系，即比较。从等同到不等同，从不等同到等同，来回往复"[94]。简单地说，比较就是要能看出异中之同和同中之异。比较的方法无论作为一种逻辑思维方式，还是作为一种具体的研究方法，在很多领域都得到了广泛的应用。比较方法首要比较的对象之间具有可比性，用来比较的各方，在类型上必须同一或大体相同，在性质上应有某种联系，在质量上亦应相当或接近，在标准上应当合理统一，在条件上应该平等公正，这样的比较，才是既合理又科学。比较的角度有纵向、横向等分类[95]。

比较文化思想研究源远流长，在中外古代学术中早有雏形。既有思维学术领域的比较，譬如《庄子·天下篇》比较论述了墨家、道家、名家等派别的十五位代表人物的不同观点；也有具体的事物之间的比较，譬如将中外同一个历史时期的建筑风格作比较研究。本文将传统器物设计思想和现代设计理论及方法进行比较研究，传统器物设计思想和现代设计理论都是对人类造物活动的经验总结，而人类造物活动不论在古代还是现代都是为满足人类需求，是凝结了人类智慧的创造活动，共同的本质决定它们具有可比的共性基础。然而，由于二者所处的宏观语境的巨大差异，又使它们必然存在诸多方面的差异，这也将使比较更加具有实质意义。

1.4 选题意义

1.4.1 商至秦古车的设计思想探索

中华民族五千年的器物文化积淀，留下了丰厚的设计遗产，是构建适合中国的设计理论体系的重要资源，因此对于中国传统设计文脉的探索和继承我们责无旁贷！中国古车不仅是我国古代科学技术成就的典型代表，也是和我国古代社会文化思想紧密联系的观念之物，尤其是商至秦这个历史时期，是文化思想的百家争鸣时期，在我国学术发展史上具有极为显著的本源地位。本课题系统深入地研究了商至秦独辀马车的制造工艺、成器范式、设计思想等，重点探研了古车的成器范式和设计思想，并尝试与现代设计理论互读互释，为中国器物文化的继承与发扬贡献绵薄之力。

1.4.2 设计理论体系构建

20世纪初期，留学归国的陈之佛、刘既、庞薰琹、雷圭元等对中国现代设计的诞生做出了重要贡献，他们将国外现代设计理论和方法引入中国。不可否认，西方现代设计实践和理论方法为中国传统艺术设计注入了新鲜血液，促进了中国现代设计艺术的诞生，刺激了中国设计艺术的产业化发展。然而国外设计实践和理论方法或许可以解决一时之需、燃眉之急，但是绝对不能从根本上解决中国特殊语境下的设计艺术所面临的困境，尤其是现今这个充满差异性需求的社会。全球经济一体化、技术趋同化造成了全球产品的差异性越来越小，各个地区正在竭尽全力突出其产品的本土特色，打造自身独有的产品风格和设计文化。国外的设计实践和理论方法对于国外的设计研究、设计实践、设计教育等也许会比较适用，但对中国这个有着五千年厚重文化底蕴的文明古国则未必完全适用。德克霍夫（Derrick de Kerckhove，加拿大媒介环境学家）在《文化肌肤——真实社会的电子克隆》一书中说："当引入某一新技术时，它都会对现有的文化发动一场不宣而战的战争"，"设计影响的不只是一个单一的对象或产品生产线，所以它引起的变化可以成为文化的泛音"[96]。设计固然不是一门纯粹的技术，但是国外设计理念和方法的全盘引入同样会对中国文化"发动一场战争"，如何去避免这场战争带来的文化灾难？如何使得二者的关系更加协调？是必须要深入思考的问题。

"（中国）优秀的工艺美术传统和手工技艺日渐沉寂，我们过多地'东张西望'但漠视自己的艺术和文化"[10]。中国当代设计仍然没有形成自身的特质和属于自己并与我们伟大文化传统和悠久历史相适应的精神取向，其显著表征就是它对西方设计的盲从，从而导致中国当代设计身份和话语权的双失落。然而，我国传统造物文化的价值，却被西方的设计先哲所发现、认同乃至推崇。美国建筑大师赖特（Frank Lloyd Wright，1867—1959）尤为推崇老子的"有无思想"，并将老子的"空间思想"发扬光大。德国现代主义设计大师密斯·凡·德·罗（Mies van der Rohe，Ludwig，1886—1969）以其至简至纯的造型和设计动机使其"少就是多"的设计理念成为经典。"少就是多"的设计理念其实与两千多年前的中国老子提出的"少则多，多则惑"[4]的哲理有着某种思想巧合。西方设计大师的设计思想与中国传统哲学理念的"巧合"或"契合"，从某种意义上说明，中国传统哲学思想的经典性和现实性，也是本文研究意义的重要注解。本文对中国古车设计思想进行系统深入的研究，希望能在一定程度上丰富我国设计理论体系，甚至对改变我国设计理论单方面输入的现状有所帮助。

1.4.3 产品设计本土化与国际化

对于国外设计实践和理论体系的盲从和照搬，也给我国产品设计带来了一系列的消极影响，主要体现在产品造型风格不能体现中国文化和民族性格，本文就以汽车造型作为典型例证进行剖析。

汽车研发和生产能力直接关系到国家的生产力水平和发展步伐，是体现一个国家或地区制造技术水平的重要指标。汽车造型也是设计研究和实践的典型载体，具有时代特色的汽车造型可以折射出一个国家和地区的科技基因、文化符码和流行趋势[97]。我国汽车设计制造业起步晚、基础差，起初多数汽车生产企业是从国外引进车型，进行国产化改造后销售。随着我国汽车销售市场的急剧扩张、制造能力的飞速发展，国内的汽车制造企业越来越不满足于从国外引进车型，因为这种合作方式使国内汽车企业既受到国外汽车公司的技术控制，又要将大笔利润拱手让人，最致命的是对培养国内的汽车自主研发能力非常不利。正如同济同捷汽车设计公司董事长雷雨成说，"如果过多地依赖国外设计公司，虽然拥有自己的知识产权，却没有知识，到头来还是被人家牵着鼻子走"[98]。模仿甚至抄袭虽然是起步阶段的必经之路，但是绝非长久之计，其所导致的直接后果就是汽车造型设计没有形成本土风格特征，更不具有中国文化意蕴！本土化发展是汽车产业的重要关注点，也是今后的发展趋势。现今汽车产业的竞争已由单纯的技术竞争，转换为科技与艺术文化内涵相融合的双重竞争。本土文化的雕琢已成为后工业社会文明的一个典型特征，也是当今汽车产业发展的主流意识，它体现在汽车造型设计对于文化的继承及发扬上，汽车造型设计中体现出来的本土理念已成为汽车造型设计成败的关键因素。国际著名的意大利汽车设计大师乔治·亚罗（Giorgetto Giugiaro）认为"设计的内涵就是文化"，并一针见血地指出"中国的汽车设计缺乏中国元素"[99]。中国是一个有着厚重文化历史的国度，这就意味着"从中国传统设计元素以及设计思想中探索本土化发展"是一个非常重要的理论和实践问题，而中国传统造物艺术及其设计思想正是其中极为重要的部分。

从人为事物的属性层面来讲，古车和现代汽车都是实现人类"引重致远"目标需求的物质载体。中国古车在长期的发展演变历程中，融合中华民族的民族意识心理和审美品格，研究中国古车的设计思想势必可以在一定程度上洞察中华民族的审美心理，挖掘中国文化基因特征。这正是中国现代汽车造型设计所缺乏的文化基因和设计文脉，希望本课题的研究能够为中国汽车造型的本土化发展提供支持。

1.5 论文各部分的主要内容

全文共分七章。

问题的背景：第1章主要是针对课题背景、研究方法和选题意义进行了全面的探讨，重点对国际国内的相关研究状况和进展进行详细的阐述，以便深入获悉目前的研究现状，避免重复研究。对课题研究中用到的研究方法进行了简要的介绍。

理论框架构建及问题的提出：第2章针对研究载体的理论概念进行挖掘，对"人为事物"和"设计思想"进行概念辨析，并对"行之人为事物"进行分类和定位，运用"人为事物"属性框架统筹全文。

研究载体的背景研究：第3章分析了商至秦古车设计制造和使用的"人类活动情境"。分别从"地理交通环境及古代道路"、"社会文化与政治经济"等层面进行分析商至秦古车的使用背景；从"手工业发展概况""木材、金属加工""马匹驯养"等技术基础层面探讨商至秦古车的设计背景。

针对研究载体本身的研究：第4章研究了商至秦独辀马车部件、结构原理、类型及其发展历程、演进逻辑等，主要是从求"真"的角度对商至秦独辀车的"物理结构"进行研究。

商至秦古车制器范式的归纳与总结：第5章总结了作为"物理对象"的商至秦独辀马车的设计制造过程中所遵循的一般规律和经验。分别从古车形制、结构、材料工艺、装饰等层面进行分析和归纳其设计制造过程中体现出来的先民造物经验、原则和规范。

商至秦古车设计思想的归纳总结与阐释：第6章在"典型案例"及"制器范式"的研究基础上探析古车设计制造和使用中所承载的"道"——设计思想，分别从其设计认知策略、形式意味、观念价值等层面进行归纳和总结了商至秦独辀马车的设计思想。最后，初步构建中国古代行之人为事物设计思想和现代行之人为事物设计理念的古今传承映射模型，并尝试将商至秦独辀马车设计思想进行现代阐释和应用展望。

第2章　古车——"行"之人为事物

为了更好地进行研究,本章对论文中所涉及的相关概念进行必要的界定和阐释,并通过"人为事物"属性构建本文研究的理论框架。

2.1 "行"之人为事物概念辨析

2.1.1 人为事物

人工物与自然物和谐相生共同构成了人类的生活环境。一方面人类的生命、意识和自我体验都源于自然,是自然界所演化和赋予的结果。因此,人类必须依赖于自然界,服从自然界,接受自然界的约束和限制。另一方面人又具有能动性和主体性,能够按照自己的意图和愿望,靠自身意志、知识、能力和价值观给自然界打上印记,自然界按人的需要和尺度改变自己本来面貌。人工物就是人类改造自然的结果,其蕴含了人类的目的、意图,凝结了人类的劳动、智慧。因此,人工物既具有自然的属性又具有社会的属性。美国管理学家和社会科学家赫伯特·西蒙(Herbert A. Simon,1916—2001)在其名著《人为事物科学》(The Sciences of the Artificial)中认为"人为事物"的概念可以从四个方面界定:人为事物由人工综合而成(虽然并不总是、或通常不是周密计划的产物);人为事物可以模拟自然事物的某些表象,却在某一方面或许多方面,缺乏后者的真实性;人为事物可以用其功能、目的和适应性三个方面来表征;对人为事物,特别是在设计它们的过程中,通常既用描述性的方式,也用规定性的方式讨论[100]。人工物构成要素有三个:人工物材料、人工物能量和人工物信息。人工物材料是指承载和发挥人工物功能的物质,它可能是自然物,也可能是人造物。随着人类社会的进步,构成人工物的材料越来越远离自然物。人工物能量是指生产人工物所须消耗的最小能量。而人工物信息主要指能使人工物获得满足需要功能的科技知识、经济知识和社会文化知识。人工物按照不同的标准有多种分类,大致归纳为以下几种:具体人工物和抽象人工物;人文人工物(法律条文、大学)与技术人工物(汽车、餐具);有生命人工物(转基因植物)与无生命人工物(电脑、钟表)[101,102]。

西蒙进一步将人工物的属性描述为：目标（Goal、Purpose）、特性（Character）和工作环境（Environment）[100]，这个说法比较宏观，不容易把握和理解。荷兰技术哲学家卡罗斯（PeterKroes，荷兰代尔夫特理工大学）进一步将人工物的属性具体描述为：物理结构（Physical Structure）与意向功能（Function）和人类活动情景（Context of Human Action）[103]。人工物一方面是具有特定结构的物理对象，另一方面又是具有特定功能的意向对象[104]。人工物的物理结构强调"物质"性，指人工物的物理呈现状态及其机构原理、运动关系等。人工物的物理结构属性对应亚里士多德（Aristotle，公元前384—前322年，古希腊哲学家、科学家、教育学家）的"四因说"中的"形式因"，即"在所有这些对偶中，前一类为基础质料，后一类为本质——或为整体，或为组合，或为形式"。亚氏的"本质意义的形式、整体、组合"在某种意义上就是指人工物的物理结构属性。人工物的意向功能则主要指其满足人类需求的"目的性"、实现人类"意图"的属性，是蕴含在人工物内部的"目标"因素。人工物的意向功能属性对应亚里士多德的"四因说"中的"目的因"，也就是指人工物的存在意义，而人工物的存在意义取决于人工物的功能。

作为物理对象的人工物通过形制、结构、材料工艺、装饰等呈现，而作为意向对象的人工物则通过其价值观念、形式意味、设计法则等进行描述。从人工物的属性层面剖析，人工物就是为满足特定的意向目标或功能而运用技术等手段创造的具有特定物理结构的事物[105]。创造人工物的过程也就是人工物的双重属性实现及其转化过程：形式化实现和意向（功能）性实现。因此，描述人工物必须将其物理结构和意向功能结合起来。除此之外，人工物的创造过程和使用过程都包含在人类活动情境内，人类的活动情境又可以进一步分为设计的情境和使用的情境[106]。设计情境强调实现人工物功能目标的物理构造；使用情境则强调人工物的目标功能。因此研究物理结构的实现过程就必须对人类的设计情境有足够的认知，而意向功能的研究则需对人类的使用情境进行系统考察[107]（见图2.1）。

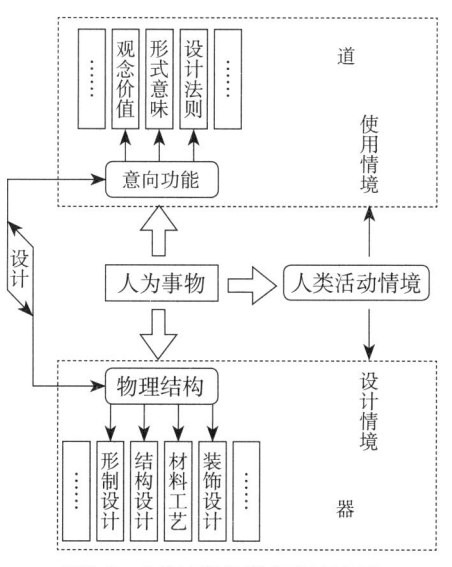

图2.1 人为事物属性框架示意图

人工物研究首先要对其产生和使用的人类活动情境进行全面考察，以便全面地探析人工物设计制造和使用的各种背景因素，做到"知其然，更知其所以然"。进而从人工物的"物理结构"和"意向功能"双重属性入手归纳其物理结构实现过程中所体现出来的设计方法、经验，总结其意向功能实现过程中所体现出来的设计思想观念。

从"事理学"的角度阐释设计，强调人为事物中蕴含的人之设计思想和创造性理念，重点关注人为事物的事理结构，尝试从"事"出发研究与"事"相关的"物"[108]。本文将结合西蒙的人为事物理论和"事理学"框架，在剖析"行"之人为事物的基础上，从人为事物属性出发对中国古车的"物理结构""意向功能"及其"人类活动情境"进行全面考察，科学地归纳古车设计制造和使用过程中所体现出来的经验、思想，使得研究系统、规范，有理可依。

2.1.2 "行"的"事"与"物"

衣食住行是人类的基本需求，是人生存在这个世界上的四大端。人们在稍微满足衣、食、住等基本生活条件之后，就开始考虑与外界的交往，探索更远的未知区域，表现出对于"行"的强烈需求。许慎《说文解字》对于"行"的注解为："行，人之步趋也，从彳从亍"[109]。《段注》曰："彳，小步也；亍，步止也。""步，行也；趋，走也。二者一徐一疾，皆谓之行，统言之也"[110]。"行"的本义是道路，《尔雅·释宫》云："行，道也"[111]。甲骨文中"行"写作 ⾏，正像十字路之形，引申为"行走"之义。"行"字在《易经》卦爻辞中的意义大致是以道路、行走为核心，引申出行为、行动、施行等意义；而到《易传》的"行"字则不仅引申有德行、运行、流行及抽象的道路等义，且出现"天行""志行""上行"等语词，而触及了天道、阴阳关系、事理顺逆等抽象的思维。如《明夷》初九："君子于行，三日不食"[112]。此为"行走"义；而《小过·象》云："君子以行过乎恭，丧过乎哀，用过乎俭"[112]。"行过乎恭"之"行"系德行义。可见"行"字的意义十分丰富，本文所取"行"则主要是指和人类"行走、移动、运输"相关的概念，暂不涉及抽象、形而上层面的"行"。

事是确定产品之为此物而非他物的限定范畴，人不是直接与物发生关系，而是通过"事"与其使用的物发生关系。一切人造物都是为了通过特定活动解决特定问题达到特定目标才成为现实确定的"物"。人类是通过"行"之"事"与"行"之"物"发生联系。人类的进步与发展与"行"之"事"的效率紧密相关，不论从国家政治经济军事还是平民百姓的日常生活都表现出对方便、可靠、快捷的沟通方式的强烈需求。军事上的行军打仗，运送粮草等"行"之"事"几乎可以决定战争的胜负；经济上的交通运输更是可以决定国家的富强和人民的生活水平；祭祀时的"行"之规范礼仪、器具等级极为严格，不容僭越，是统治秩序的典型体现。百姓日常生活中的走亲访友、物质交换等"行"之"事"亦是极为频繁和片刻不可或缺。"行"之"事"绝不仅仅是人或物的空间位置移动，更包括在空间位置移动过程中所内涵的礼仪思想、制度观念等文化符码。

物是事的存在和表征方式，脱离了物去分析事也就毫无意义。与"行"相关的人工物是人类政治经济军事、生产生活的重要组成部分，主要包括交通设施、交通运输工具两大类（详见图2.2）。

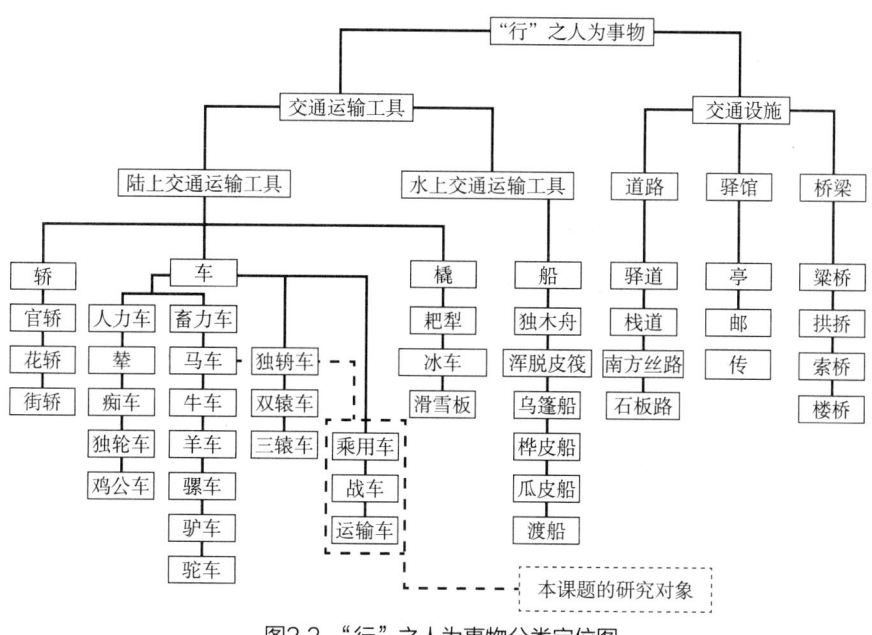

图2.2 "行"之人为事物分类定位图

2.2 "行"之人为事物的分类与定位

2.2.1 "行"之人为事物的分类

关于"行"之物不仅仅是"人工物"也包括"自然物"，但是作为设计艺术的研究对象只能是包含了人类劳动和意图的"人工物"[113]。因此本文仅将"行"之人工物进行分类和定位，以便为本课题锁定研究对象。

交通设施

交通设施主要包括道路、桥梁、运河等。道路系统又可以细分为驿道、栈道、石板路等；桥梁就其建筑特色来分有梁桥、拱桥、索桥、楼桥等；运河分为海运河、内陆运河、跨岭运河、设闸运河、无闸运河、旁支运河等。

交通运输工具

古代交通运输工具大致可以分为两类：陆上交通运输工具和水上交通运输工具。陆上交通运输工具主要包括：车、轿、橇等。车有不同的分类标准。按照驱使动力可以将车分为：人力车和畜力车。人力车主要包括辇、痴车、独轮车等；畜力车主要包括马车、牛车、骡车、驴车、驼车、羊车等。按照用途可以将车分为：乘用车、战车、运输车等。按照结构可以将车分为：独辀车、双辕车、三辕车等。轿可以分为：官轿、花轿、街轿等。橇可以分为：耙犁、冰车、滑雪板等。

水上交通运输工具主要就是船，船进一步又可以分为：独木舟、皮筏、乌篷船、桦皮船、瓜皮船、渡船等。

2.2.2 "行"之人为事物的研究定位

根据以上"行"之人工物类型分析，交通设施这一部分属于土木工程及其他专业领域，并且已有相应学科背景的学者做过大量的研究工作，可以不作考虑。交通运输工具这一部分，在"水上交通运输工具"和"陆上交通运输工具"两个类型当中，跟现代汽车属于一个发展源流的显然应该是"陆上交通运输工具"，所以"水上交通运输工具"暂不纳入研究视野。"陆上交通运输工具"所包含的"车""轿""橇"等器具中，只有"车"是有轮交通运输工具，因此本文选取古独辀马车中的"乘用车""战车"和"运输车"作为研究对象，并重点研究"乘用车"（见图2.2）。

2.2.3 以引重致远建立事理研究目标系统

各种交通设施和交通运输工具的发明与创造都是基于人类"引重致远"的强烈需求。因此，本文将围绕如何实现人类陆上"引重致远"这一"事"作为线索，并把围绕这一事所产生的物——交通设施和交通运输工具进行串联，选取中国古车作为典型案例进行研究，目的是探究其反映出来的古代器物设计思想特征。将传统乘用车、战车、运输车作为点置入"引重致远"这个"事"目标系统中，从而考察"物"的演化逻辑，便于准确理解中国古车设计制作及使用中"人"的逻辑关系。如果不是从事入手，而是孤立地研究单个的"物"，也就是按照过去的研究方法从器物入手，脱离了"引重致远"的"事件"链，不注重各物之间的逻辑联系，其研究结果有可能不够全面。以"事"出发探索利用"物"如何解决问题的研究方法,比较符合系统论的研究思路。联想到当今的陆上交通运输,古代马车逐步被现代汽车所代替,也就是利用更加先进的动力机械,达到了引重致远的目的,古代的"物"可能不存在了,但引重致远的"事"还一直持续地存在。只要人类还有引重致远的需求,这一"事"还会长期延续下去,只是实现"引重致远"这一事的"物",随着科学技术的进步、能量利用的更新,将不断发展演变。

"引重致远"一事和其他相关因素或条件是密切联系的,从系统论的观点出发应该将相关因素做全面的分析调研。将人类"引重致远"这件事当作一个目标,建立一个目标系统,基于目标系统研究"物"的逻辑关系(见图2.3)。将"古车"放在"引重致远"一事的目标系统中,系统考察相关因素,从而避免孤立地研究"物"。引重致远这一"事"的相关因素有科学技术层面的,也有社会文化、政治经济方面的,还有自然地理环境方面的。在这些因素中,有些因素是长期以来基本保持不变的因素,比如中国的自然地理环境;也有一些因素随着时间的推移在不断变化,如社会文化、政治经济、科学技术等因素,而这些变化的因素是导致交通运输工具不断进步的最主要因素。因此,探讨古代车辆设计思想必须要理清各个相关要素的联系,找出物与物之间的关系,人与物之间的关系,最后综合各种因素进行全面系统的归纳总结。

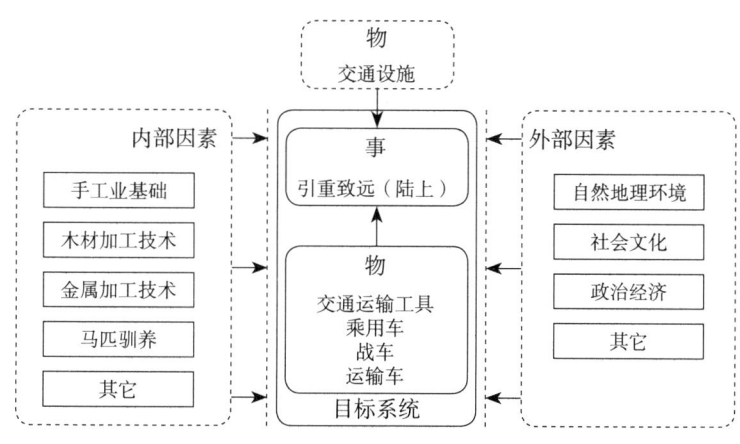

图2.3 以引重致远建立事理研究目标系统

2.2.4 "引重致远,载道明礼"——中国古车的人为事物观念

器物都是基于人类的某种需求而产生,中国古车和其他器物一样,在刚刚发明之始,是作为一种有实用目的器物,是为了满足人类"行"之需求而出现。

《周易》云:"黄帝、尧、舜垂衣裳而天下治……服牛乘马,引重致远,以利天下,盖取诸随"[112]。其中"引重致远,以利天下"无疑是中国最初、最原始的交通运输概念,体现了中国传统人格化、道德化的"器物"观念。在古代社会,由于自然屏障、生产力低下以及交通运输技术的落后,人们行路及运输充满了艰辛和危险。诗仙李白的诗句"行路难,行路难,多歧路,今安在"[114]道出了古人出行的困难局面。面对"行"之困境而又无法改变,古人曾经幻想出了脚踏风火轮飞驰的哪吒、"八骏日行三万里"的周穆王以及《水浒》中的"神行太保"戴宗等神话人物,体现了古人对于便捷交通运输工具的向往。正是这种"引重致远"的强烈需求以及"日行万里"的神话幻想促使先民想尽一切措施修建道路、发明先进高效的交通运输工具。中国古车就是在这样的背景下产生的,起初是作为完全实用的工具,体现了行之"事"中的物质需求,实用性亦成为古车的基本功能特征。

原始洪荒开辟鸿蒙,社会由野蛮进入文明的畛域。人类发明了各种器物,诸如衣冠文物、宫室器用、典章制度等,早已超出单纯的物质生产范围,宗宗件件都为既定社会秩序形态提供着合法性的支持,对人类的全部文明产生了深刻的影响,更多地显示出文化的本源意义。《易传·系辞上》亦云:"形而上者谓之道,形而下者谓之器"。[112]器物不仅以形式语言的样态体现古人对形式美的认识,更通过有形之"器"传达无形之"道",器物造型观念,已经不是简单的形式,而是蕴涵了人们的思想观念,形成了一定的形式意味,从而突破了"器物"的普遍物质意义,达到了追求人生价值的精神意境。

随着时代的进步和技术的发展,古车越来越超出作为单纯"交通运输工具"的功能范畴,而是作为一种民族初始文化的标记,蕴含着民族的哲理、艺术、风俗礼仪以及整个价值体系的起源,成为"载道明礼"的典型器物,体现了行之"事"中的精神意念。

2.3 "道器并举"——中国古车的设计思想取向

2.3.1 设计思想的基本概念

人类的造物活动与动物的本能活动有着本质的区别,人类的造物活动是经过人类大脑的深思熟虑、有目的的自觉活动,它一般先有一个设想和计划的过程,然后才有制作的过程。正如亚里士多德在其《形而上学》中所说:"关于制造过程,一部分称为'思想',一部分称为'制作'——起点和形式是由思想进行的,从思想的末一步再进行的功夫为制作"[115]。可见思想是设计的出发点,有了思想才能设计,设计和思想是相互依存的。"设计思想就是指在人类创造性的造物过程中伴随和产生的形而上的精神载体的整合,就是在为人造物和所造物为人服务的双向交替中产生的创造性思维的总和"[9]。设计思想是关于设计的认识和思考,广义地看,面对一个设计对象(需要)时所思考的一切以及对设计作品、设计过程等相关一切的思考都应视为设计思想。任何时代的设计思想都是一定社会生产发展的产物,无论其表现形式如何不同。造物思想必然受到特定的时代人文背景、政治经济等客观因素的影响和制约。在人类造物过程中,设计思想不仅包括造物过程中作为造物者的人所体现出来的原则、依据和预想,同时也表现为被造物者所创造出来的"物"所折射出来的社会思潮、科技文明、历史文化。

2.3.2 中国古代器物的设计思想

在长达数千年的制器造物史中,器物无疑成为特定观念的承载物,延续着中华民族的设计文脉。法国哲学家、社会学家尚·布希亚(Jean Baudrillard)曾将古代器物称为"边缘物",认为古代器物虽已没有实用功能,但"并非无功能,亦不是单纯的'装饰',在系统的框架里,它有一个十分特定的功能:它代表时间,……不是真正的时间,而是时间的记号,或是时间的文化标志"[116]。通过对传统造物思想的探析和挖掘,可以领悟中国传统文化的人文精神、释读人与物的关系,借古鉴今,带给现代人一些有益的启示。那么古代器物设计思想到底包括哪些层面的内容呢?从器物制造活动本身来讲,古代器物作为典型的人为事物,首先是具有实用功能的物理对象,其物理结构的实现是人类有意识地对原材料进行加工,改变材料形态或性质的过程。在长期的手工业制造方式下经过无数次的评价、挑选、针对缺陷的改进,在器物的形制、结构、材料工艺、装饰等方面形成了一些固定的器物形态模式、制器经验规范和方法原理,这些形态模式、规范和原理具有普遍适用意义,也就成为了需要现代研究人员去挖掘的古代器物设计思想的一部分。另一个层面,古代器物作为具有意向功能的人为事物,对社会形态、文化观念、政治经济都产生不可忽视的影响,历史上的文人士子、思想先哲等对器物的文化影响做出了积极的反应,对器物的价值取向、成器活动的发展方向以及一般原则乃至成器活动或技术的本质等都进行深入的论辩,并著书立说。器物的观念价值、形式意味、设计法则等器物的文化思维折射也是古代器物设计思想的重要组成部分。研究古代器物设计思想必须采用"道器并举"的双重途径,割舍"器"而孤立地研究

"道"势必缺乏实践基础，使研究陷入虚无缥缈的理论沼泽；割舍"道"而单纯地研究"器"势必缺乏理论升华，使研究陷入低级物理层面。

笔者针对"行"之人为事物概念及古代器物设计思想取向进行了辨析和论述，构建了"行"之人为事物的研究理论框架。器物的发展总是受到外部要素的影响与制约，人们对交通运输工具的认识及应用，在不同时代背景条件下的发展变迁主要是受制于外部要素。人类"行"之事的本质千百年来一直没有变，然而和"行"相关的"人类的活动情境"——道路设施、科学技术基础和社会文化环境却不断地更替变化，这是导致和"行"之人为事物不断发展演进的主要原因。因此探讨古代车辆设计思想不能只停留在古车本身的物理结构和意向功能的追踪上，还要对其"人类的活动情境"等外部环境要素进行系统考察，探寻物与物、人与物之间的关系。

第3章 得其圜中
——商至秦独辀马车设计与使用

"行"之事涉及古代社会的各个方面,"行"之物作为"行"之事的物质载体,其设计制造和使用过程也势必受到自然地理、社会人文等因素的影响。唐司空图《诗品·雄浑》曰:"超以象外,得其圜中"[117],"得其圜中"指超脱于物象之外,而得其精髓。如果抛开研究对象所处的自然地理因素、技术基础、社会文化、政治经济背景而孤立地研究"物",也许可以将研究对象本身所携带的形式、结构、材料、工艺、装饰等信息进行深入探究,也可以抽象归纳出一些设计思想、风格、流派等,但这只是"知其然,而不知其所以然"的研究方法,能够获取的只是片面的结果。笔者基于人为事物属性理论框架,结合事理学系统考察商至秦独辀马车设计制造与使用的"人类活动情境"(参见图2.1),透过物象本身探索其产生和演进的背景因素,采用由外及内层层深入的研究策略,对研究对象进行系统、全面的探研。本章中,商至秦独辀马车的使用背景研究重点从地理交通环境和古代道路、传统社会文化与政治经济等方面入手展开,而商至秦独辀马车的设计背景则重点关注古车设计制造的技术基础。

3.1 商至秦古车的使用

3.1.1 中国地理环境与古代道路

地理环境研究不仅关注地球表层的自然要素,也关注与其相关的人文要素及其相互作用关系。自古希腊历史学家希罗多德(Herodotus,约公元前484—前430年)以来,历史研究就格外关注地理因素。希罗多德对于地理环境、民族分布等情况进行详细了解后写出了历史巨著《历史》。因此人们推崇他是"一个极为古老的思想的创始人",这个思想就是"全部的历史都必须用地理观点来研究"[118]。地理与社会文化、政治经济等有着密切的联系,人类历史都是在特定的地理条件下书写的。同样,器物的发明与创造也和地理因素有着千丝万缕的联系,地理因素在很大程度上影响着器物的发生与发展,而器物的产生也使得人类更加有能力改造自然地理因素,使之更加符合人类的生存需求。

那么，与古车密切相关的中国交通地理环境又是怎样的呢？

我国地理环境复杂，地形多种多样，平原、高原、盆地、山地和丘陵五种地形齐全（如表3.1所示）。山区面积广阔，占全国总面积的2/3，地势西高东低，呈阶梯状分布。我国还有300多万平方公里的海域管理面积，可以说既是一个陆上大国也是一个海洋大国，这也为我国交通运输业的发展提供了巨大的潜在需求与发展契机。

表3.1　　　　　　　　　中国的地形分布比例

类别	平原	盆地	丘陵	高原	山地
百分比（%）	12	19	10	26	33

我国的地势环境大概可以分为三个阶梯：以昆仑山脉、祁连山脉以南，横断山脉以西为第一阶梯，海拔在4000米以上，主要地形为高原和山地，包括的主要地形区为青藏高原；以大兴安岭、太行山、巫山、雪峰山一线以西同第一阶梯之间为第二阶梯，海拔一般在1000~2500米，主要地形为高原和盆地，包括的主要地形区为准葛尔盆地、塔里木盆地、内蒙古高原、黄土高原、四川盆地、云贵高原、天山山地、兴安山地、秦岭淮阳地区；第二阶梯以东为第三阶梯，海拔多数在500米以下，主要地形为低山、丘陵和平原，包括的主要地形区为东北平原、黄淮平原、长江中下游平原、东南低山丘陵、山东半岛丘陵、辽东半岛丘陵。在这三个阶梯地形中，最适合人类居住的是第三阶梯，因为这个阶梯地形中主要以平原、丘陵和低山为主，相对来说也是最利于发展陆上交通运输网的区域。

地理因素对于政治和经济的发展尤为重要，这方面可从中国历朝历代政治经济中心的地理位置来分析[119]。由表3.2可以看出，中国历朝的政治中心和经济中心大部分都是处于平原、缓丘、山间盆地区域或者河谷、垭口等处，基本隶属于地势的第三阶梯，都是土地肥沃、人口密集、交通便利、适于人类生存和发展的区域。这些区域之所以创造了灿烂的远古文化，与其优越的地理资源和交通条件有很大关系。这些区域经济发展水平相对较高，对交通运输的需求旺盛，这也是陆上交通运输工具能够得以快速发展的自然环境基础和社会需求。

中国道路具有悠久的发展历史，早在公元前2000年前，中国已有可以行驶牛、马的道路。据《古史考》记载："黄帝作车，任重致远。少昊时略加牛，禹时奚仲驾马"[120]。公元前16世纪至前11世纪间的殷商时期，中国人已懂得夯土筑路、用石灰稳定土壤，从殷商的废墟地考古发掘中还发现了用碎陶片和砾石铺筑的路面。西周时期道路已初具规模,出现了较为系统的路政管理,人们已将道路分为市区和郊区。在道路规划方面有"匠人营国,国中九经九纬,经涂九轨;环涂七轨,野涂五轨[121]"(《考工记·匠人营国》),城市道路分"经、纬、环、野"四种,南北之道为经,东西之道为纬。城中有九经九纬,呈棋盘状,围城为环,出城为野,可见周朝的道路已较为完善。在道路管理方面有"司空视涂""列树以表道,立鄙食以守路""雨毕而除道,水涸而成梁"[122](《国语·周语》);道路的质量已是"周道如砥,其直如矢"[123](《诗经》)。战国时期人们已经能够在山势险峻之处凿石成孔,插木为梁,上铺木板,旁置栏杆,铺设栈道,这是战国时期道路建设的一大特色(见图3.1)。秦时,始皇在道路修建方面强调"车同轨、书同文"[124](《史记》),并修建车马大道,统一道路宽度。汉朝时期在秦朝原有道路上继续扩建延伸,构成了以京城为中心向四面辐射的交通网。

陆上道路网的发展和逐步完善为古车的产生和发展提供了基本的交通设施,可以说是中国古车产生的先决条件。

图3.1 马鞍山采石矶古栈道
图片来源:胡伟峰摄于马鞍山采石矶

表3.2 中国统一王朝政治中心与经济中心

朝代	都城	都城起止年代	存世年数	经济中心
秦朝	咸阳	前221—前207	15	关东地区
西汉(含新莽)	长安	前202—公元23	225	关东地区
东汉	洛阳	公元25—190	166	关东地区
西晋	洛阳	265—311	47	关东地区
隋朝	长安、大兴	581—605	25	关东地区
	洛阳	605—616	12	关东地区
唐朝	长安	618—755	138	关东地区
		755—880	126	江南地区
北宋	汴梁	960—1126	167	江南地区
元朝	大都	1264—1368	105	长江中下游平原
明初	南京	1368—1421	54	长江中下游平原
明朝	北京	1421—1644	224	长江中下游平原
清朝	北京	1644—1911	268	长江中下游平原

3.1.2 中国传统社会文化、政治经济与造车理念

中国古车不仅是一种具有实用功能的器具，更是民族初始文化的标记和"文化肌肤"，其中蕴含着民族的哲理、艺术、风俗礼仪以及整个价值体系的起源。通过对商至秦古车产生和演进的"社会文化土壤"和"政治经济背景"探索可以探求古车的人文属性根源。

3.1.2.1 传统社会文化与造车理念

等级思想

由于每个人在社会交互作用中的地位不同，人与人之间必然存在着差别，等级就体现出这种差别。

等级思想产生的根源是古代农业社会资源的分配制度[125]。先秦时期曾经出现"礼乐崩坏"的等级错乱局面，孔子认为这种等级混乱必然导致社会动荡，"名不正，则言不顺；言不顺，则事不成；事不成，则礼乐不兴；礼乐不兴，则刑罚不中；刑罚不中，则民无所措手足"[126]（《论语》）。面对这种等级错乱局面孔子提出了他的"君君，臣臣，父父，子子"有序等级思想，通过尊卑有别、长幼有序、上下有制的等级秩序来规范合理地分配资源，实现社会的公正与合理。孔子主张以礼治国、以礼治民，他认为礼是稳固等级结构的基础，只有按照礼的要求，建立严格的等级制度，社会才会井然有序，归于安定。孟子对此给予了高度评价，"孔子成《春秋》而乱臣贼子惧"[6]。荀子则认为等级制度促进了社会分工制度的形成，还明确地阐释"礼"就是社会等级秩序，是为了合理分配资源、协调人与人之间的关系，"故无分者，人之大害也；有分者，天下之本（大）利也"[127]（《荀子·富国》）。秦始皇更是等级制度的维护者，其在东巡泰山时所刻的《泰山刻石》中就有明确体现等级思想的"贵贱分明，男女礼顺"[124]字句。

等级思想有利于管理阶层将资源集中，以便对战争、自然灾害等重大社会公共事务进行处理，但是在道德缺失的情况下也容易导致腐败。等级与法制本质上不可调和，因为法制思想要求天子犯法与庶民同罪，体现法律面前人人平等，然而等级秩序中处于上层等级的人往往首先打破平等，所谓"礼不下庶人，刑不上大夫"[128]（《礼记·曲礼上》）。等级思想对中国传统制器造物影响十分广泛和深远，器物的设计制造与使用都要符合等级制度要求。譬如周朝规定"天子之堂高九尺，诸侯七尺，大夫五尺，士三尺"[128]（《礼记·礼器》），殿堂的高低是一种尊卑等级的体现。圭、笏、青铜器等是周代贵族进行政治活动时的象征性标志，《周礼·春官·大宗伯》记载："王执镇圭，公执桓圭，侯执信圭，

伯执躬圭,子执谷璧,男执蒲璧"[129],圭作为诸侯进行外交活动时的信物,它的形制成了区别诸侯等级的标志。笏的质地也有不同的等级规定:"笏,天子以球玉,诸侯以象,大夫以鱼须文竹,士竹,本象可也"[128](《礼记·玉藻》)。周代的社会生活中以玉为贵,所以天子的笏板以玉为材料做成;诸侯的笏是用象牙做成的;大夫和士的笏则是用较为常见的竹子制作。西周用鼎制度更是等级制度的典型体现,诸如天子九鼎、诸侯七鼎、大夫五鼎、士三鼎,而且鼎中所盛食物也随着等级不同而有严格的区分(见图3.2)。

等级思想对于传统器物形制、结构、材料工艺、装饰等都产生了极大的影响;反之,器物亦成为维护社会等级秩序的工具。为了体现等级思想,在造物时增加了额外装饰或者使用昂贵的材料,不仅造成了资源浪费,也在一定程度上损害了器物的实际功用。在等级森严的中国古代礼乐文化体制中,

图3.2 西周晚期鼎、鬲等食器(三门峡虢国墓地出土)
图片来源:胡伟峰自摄于三门峡虢国博物馆

等级制度对于人们器物审美观念的自然人性有很大的限制和约束,致使人的审美视域、人的自然情感等也因此变得僵化、单调,失去生命力,这也是造成古人对僵化的等级制度僭越的重要原因。

"节用"思想

先秦诸子中老子、孔子、管子等都提出过"节俭、反对奢侈"的思想观点,譬如老子"我恒有三宝,持而宝之,一曰慈,二曰俭,三曰不敢为天下先[4]。"(《老子·六十七章》)将"俭"作为其"三宝之一";孔子也崇尚节俭,"礼,与其奢也,宁俭"[126](《论语·八佾》)、"奢则不逊,俭则固。与其不逊也,宁固[126]"(《论语·述而》);管子则认为奢侈会导致一系列社会问题,"国奢则用费,用费则民贫,民贫则奸智生,奸智生则邪巧生"[130](《管子·八观》)。

然而,先秦诸子中对于"节用"思想阐述最确切、最彻底,对于节用最能身体力行的要数平民出身的墨子。墨子节用思想在器物制造和使用上也得到了充分体现,其节用思想体现在衣、食、住、行等各个方面。对于建筑,墨子主张"故圣王作为宫室,便于生,不以为观乐",强调建房屋的根本是"生活",不是观赏取乐。"必厚作敛于百姓,暴夺民衣食之财,以为宫室,台榭曲直之望,青

黄刻镂之饰"[131](《墨子·辞过》),批评统治阶级用百姓"衣食之财"建造豪华但不实用的宫室。对于衣服则认为"为衣服之法:冬则练帛之中,足以为轻且暖;夏则絺绤之中,足以为轻且清"[131]。至于饮食方面,则强调只要"足以增气充虚,强体养腹而已矣"[131]就够了。交通工具方面,制造"舟车"也只是"全固轻利,以任重致远,其为用财少,而为利多"[131],批评当时的统治阶级制造舟车"饰车以文采,饰舟以刻镂"[131],在"全固轻利"之外增加额外的装饰从而浪费民财民力。墨子不仅崇尚节俭,更加重视器物的"用"与"利"。《墨子·鲁问》记载:"公输子削竹木以为鹊,……不如匠之为车辖,须臾斲(zhuó)三寸之木,而任五十石之重。故所为功,利于人谓之巧,不利于谓之拙"[131]。墨子强调"利于人谓之巧,不利于谓之拙"。

节用思想对于节约社会资源,减轻百姓生活负担有着十分重要的作用,同时也代表了中国传统器物制造的价值取向,对中国传统造物产生了深远的影响。

"道器"思想

"道器"是中国古代哲学体系中的重要概念,涉及本体论、认识论、伦理道德等各个方面。道与器作为单一概念,曾经单独使用相当长的时间。道,从首从行,原初是道路之意;器,原本为器皿之器,古之人以犬来守卫盛物之器。器有四口,四口为多为众,都为犬守卫,所以,器为泛指,有器物之意。《周易·系辞传》中道器已成为对偶概念,有"形而上者谓之道;形而下者谓之器"[112],这里的"道"系指乾坤和阴阳本体变易的法则,法则是无形的,称"形而上";而"器"指有形的物,称"形而下"。后来对道器的探讨基本上未能远离《周易·系辞传》中道器含义,只是在内涵上不断充足、丰富,伴有越来越深入的扩展研究。孔颖达以有无疏道器,"形而上者谓之道,道即无也;形而下者谓之器,器即有也"[132],导致宋明之后各家都以有无释道器。只是宋明时期,道器概念引起了更为广泛的争论,北宋程颢、程颐十分重视形而上与形而下的区分。认为凡是物质的东西、具体的东西都是属于"形而下"的,凡是普遍的、抽象的东西都是属于"形而上"的[133]。朱熹也是十分重视"形而上"与"形而下"的区分,"形以上底虚,浑是道理。形以下底实,便是器"[134]。而明清之际的王夫之则总结了道器关系,认为"天下惟器,道在器中,道器统一,道随器变"[132],在朴素的唯物论和朴素辩证法的基础上把中国古代哲学的道器观发展到一个崭新的思维水平。

归纳中国古代哲学中"道"与"器"的概念,主要包含以下几点含义:本体与表现;事物与规律;本质与现象;个别与一般。道器思想影射到传统制器造物上,则指器物不仅以其形式语言体现古人对形式美的认识,更通过有形之

"器"传达无形之"道",从而突破了"器物"的普遍物质意义,达到追求人生价值的精神意境。

文质关系

"文",象形字,《说文解字》解释为:"文,错画也,象交文"[109]。即通过对于各具体物象的观察,从中简化并提取的线条为"文"。"文"可以划分为"自然之文"和"人文"。先秦时期,"质"主要指价值、性质。"文"与"质"的关系具有相对性,对"文"与"质"的理解应当建立在一种相对的关系上。如果"质"指材质,那么"文"就是指材质上的纹理;"质"指器物的功能或性质,那么"文"就是指器物的式样或装饰。对于器物文质关系,中国古代哲学家和思想家有过诸多精彩的论述。

儒家将"德、礼"赋予器物,孔子说"君子以义为质,礼以行之"[126](《论语·卫灵公》)。关于文质关系,孔子提出"质胜文则野,文胜质则史;文质彬彬,然后君子"[126](《论语·雍也》)的观点,确切地说明了"文"与"质"的关系和理想的人格模式,即"文"与"质"都应该得到全面的发展,缺乏其中任何一方都不会达到和谐中庸的理想模式。墨家从功利角度出发,好"质"而恶"文"。崇尚自然主义的道家,以自然之美作为审美标准,涉及"质"的态度时,倾向于自然流露,顺其自然之"质",反对人为强加工艺技巧于器物,认为器物应当显示出它本身的品质特性。老子并不完全反对"文",鉴于对自然的崇拜,认为树叶、石头上的自然纹理都是值得推崇的"文"。《淮南子》一方面主张"白玉不琢,美珠不文,质有余也"[135],极力推崇事物天然之美,强调"质"自具的不待文饰之美;另一方面又主张"必有其质,乃为之文"[135],即强调"质"自具之美外,也可加上使"质"更美的文饰。王夫之则强调"文因质立,质资文宣"[136],认为"文""质"二者相辅相成、相互依存。

"文"和"质"是器物的两个属性向度,在某种程度上体现出器物的"美"与"善"。从设计的角度审视文质关系,就是产品设计中形式与功能的关系。"文"和"质"作为艺术理论肇端的重要概念,自提出以来一直备受重视,并被以各种方式继承下来。正确处理器物的文质关系是关乎设计成败的重要因素,也是器物设计的重要内容。

3.1.2.2 传统政治经济与造车理念

祭祀与战争

《左传·成公十三年》云:"国之大事,在祀在戎"[137],祭祀和战争是中国古代社会的国家大事。祀在前戎在后则说明祭祀比战争更重要,祭祀是信心之托,力量之源,是形而上者;而戎是形而下者,只是手段而已。战争和祭祀是中国古代社会政治生活的两个重要组成部分，同时也是对古车产生和发展有重大影响的两个政治因素。祭祀是华夏文化的一个重要组成部分，在原始社会末期，祭祀活动就已相当盛行。祭祀活动涉及天象、求雨、年成、生育、战争、体咎等，祭祀的对象有上帝、日月星辰、地祇、社稷、祖宗等，祭名名目繁多，祭祀方式也是五花八门。祭祀的目的是通过一系列的方式向超自然力量取得和加强某种无形的战斗力、威慑力、约束力和凝聚力，振奋人心、激励斗志，维持和强化统治秩序，同时也巩固和滋润统治阶级内部或社会成员之间的感情纽带，化解矛盾。历代统治阶级通过各种祭祀活动逐步建立起严密的礼俗制度和宗法制度，如通过祭天宣传君权神授，通过祭祀祖宗建立以忠孝和伦理道德为核心的尊卑分明、长幼有序的封建礼教和宗法制度，并以一种潜移默化的势力渗透到下层社会，规范人们的行为，从而形成民族心理文化的积淀流传至今。祭祀活动对制器造物产生了广泛而深远的影响，如祭祀活动中对车辆规格和使用方式都有严格的规定，祭祀用车不仅是交通运输工具，更是礼制和尊卑等级的承载之物。《礼记·明堂位》记载："鸾车，有虞氏之路也。钩车，夏后氏之路也。大路，殷路也。乘路，周路也[128]"。意思是说饰有鸾铃的车，是有虞氏时代的祭车；车箱有曲形前栏的车，是夏后氏时代的祭车；木制的"大路"车，是殷商时代的祭车；玉饰的"乘路"车是周代的祭车。《周礼·春官》对周王所乘五路车中的"玉路"描述为"锡樊缨，十有再就，建大常，十有二斿，以祀"[129]。意思是说用玉饰的车，驾马的额上有金饰，驾马的胸前有带饰，车上配"大常"旗帜，即为周王祭祀时乘用之车，王后所乘五种车中的"重翟"则是王后从王祭祀所乘之车。《礼记》详细记载了周代祭祀活动的各种规章制度，涉车的有"祭之日……乘素车，贵其质也"[128]（《礼记·郊特牲》）；"大路，繁缨一就"；"大路，素而越席"[128]（《礼记·礼器》）。后句是说，天子祭祀用"大路"车，去掉装饰，敷设草席，此素为贵。祭祀活动对用车规格要求极为严格，不容僭越，如《礼记·郊特牲》记载"乘大路，诸侯之僭礼也"[128]，即指责诸侯用车违礼。

战争是实实在在的暴力手段，目的是维护国家机器的主权和利益或者掠夺更多的利益。兵圣孙武曰："兵者，国之大事也。死生之地，存亡之道，不可不察也[138]"，战争向来都决定着国家的生死存亡。武器对于战争的胜负有着至关重要的作用，人类为了能够在战争中占取优势，发明了越来越具有杀伤力的武器。车子本来只是交通运输工具，但是由于战争这种强烈的政治需求刺激，逐渐产生了专门用于战争的车辆——"战车"。为了满足作战要求，战车形制、结构、装饰等都要做特殊处理（详见4.3.2）。

中国古代祭祀与战争蕴含着大量的历史信息,也对古代器物的产生和发展有着不可忽视的影响作用。

商贸交流

农业和畜牧业的快速发展,使原始部落很快强大起来,他们生产的东西过剩,需要交换互利,于是就产生商贸活动。先秦时期商贸活动已经十分盛行,《管子·轻重戊》记载:"殷人之王,立皂牢,服牛马,以为民利,而天下化之"[130]。《尚书·酒诰》曰:殷人"肇牵车牛,远服贾用"[139],可见商人的先祖就曾跋山涉水,赶着牲畜群到远方进行贸易活动。在《周易》《山海经·大荒东经》古本《竹书纪年》等先秦古籍中也曾记载商人的先公王亥到有易进行商贸活动时被杀、牛羊被抢之事。殷人进行商贸活动的地域范围已经远至甘肃的河西走廊、新疆一带的部落方国,所用于商贸交换的物品涉及矿物颜料、纺织品等。西周时期商贸得到了进一步的发展,《礼记·月令》记载:"是月也,易关市,来商贾,纳货贿,以便民事;四方来集,远乡皆至,则财不匮,上无乏用,百事乃遂"[128],并且"国"与"都"中出现了更大的市场,可见当时的商贸已经十分繁荣。此时商业的重要性已不亚于工农业。进入东周时期,封建领主制消亡,封建地主制确立,中央集权的封建国家逐步形成,社会经济也有了巨大的进步,商业发展进入了一个黄金时期。

商贸活动和交通运输有着十分重要的联系,商贸活动的繁荣往往是以交通运输的发展和完善作为前提。商贸活动为交通运输的发展提供动力,在很大程度上刺激了道路系统和交通运输工具的发展和演变。

人口迁移

正如美国著名人类学家博厄斯(Franz Boas,1858—1942)所说:"一个社会集团,其文化的重要性往往取决于它是否有机会吸取邻近社会经验。一个社会集团所获得的种种发现可以传播给其他社会集团,彼此之间的交流愈多样化,相互学习的机会也就愈多"[140]。人口迁徙在世界各个民族都是普遍存在的现象,而且根据各个地区的政治、经济等环境因素的不同,迁徙所带来的影响和对文化、技术交流的效应也相差迥异。中国古代的民族迁徙活动主要分为两个部分:一部分是北方游牧民族(通常以万里长城和天山山脉为界,北方是游牧民族居住区)与南方农耕民族的相互迁徙和交流;另外一部分则是南方少数民族与汉族的相互迁徙和交流。北方游牧民族,譬如匈奴等族,由于其生产方式比较单一,他们发展的动力和生命力往往取决于其与另外的民族进行交往的程度。北方塞外各族基本上是通过强制的方式(此种强制有时是主动的,有时是被动的)进入塞内与汉族民众"杂居"的,这些来自游牧地区人带来了高明的牲畜蓄养技术和优良畜群，使中原地区牲畜的数量和质量得以显著提高，为中原地区的畜牧业发展做出了突出的贡献[141]。中国南方地区的古越族人，史称"百越"，秦始皇征服百越地区，设桂林、南海等郡，按内地模式，置长吏统治。与北方游牧民族的迁徙与交流不同的是，中央王朝通过内迁众越、普设郡县，加上更加有利于中原农耕经济和农耕文化生存和发展的南方自然环境，使得中原王朝在随后的历史进程中，与南方人口的交融呈现了"杂居"的格局。由于南方各民族和汉族的生产方式没有根本区别，因此双方的经济文化交流也变得相对较为容易和平和[142]。

人口的迁移活动为各个民族之间的物质、文化、技术、血缘的交流提供了途径，为制器造物活动提供了技术支持。迁徙活动本身作为大量人与物的迁移活动，使得交通运输工具的设计制造被高度重视。

3.2 商至秦古车的设计

3.2.1 商至秦手工业发展概况

新石器时代已经出现了制陶、纺织、建筑和交通等原始手工业生产技术。夏商周时期手工业得到了很大发展，生产规模更大，出现了专业细密的分工合作，已有"百工"之说。青铜冶炼、制陶业、兵器制造业、骨器制造业、玉石工艺、皮革、竹木、舟车、建筑等行业逐步完善。春秋战国时期，冶铁技术得到了全面的发展，铁质器具大量出现；精耕细作的农业初步形成；建成了芍陂、都江堰等大型水利工程。春秋战国时期的官府手工业体系已经十分完善。据《考工记》记载，当时的官府手工业生产已经有严格的组织和管理，有从事专业技术劳动的"百工"，有专职管理生产的官员，职称有下级的工官——"人""氏"和上级的高级工官——"师"，他们有监督权和处罚权，这也是和民间手工业的重要区别。官府手工业生产有严格细密的分工和技术协作，保证了工程质量和生产效率，官府手工业所生产的器物多是兵器和宫廷贵族用品，车辆大多是在官府手工业作坊生产。除了官府手工业，零星的民营手工业在春秋战国时期也得到了较大的发展。秦灭六国之后，结束了长期割据的局面，统一度量衡、文字、货币、车轨等措施进一步加强了技术文化交流，刺激了秦汉手工业的快速发展。

在对商至秦的手工业发展梳理之后，选取和古车设计制造密切相关的木材加工、金属加工、马匹驯养等几个技术领域进行重点分析，以求对古车的设计制作技术背景有较深入的认识。

3.2.2 木材加工技术与古车设计制造

远古时期人们为避自然之不利，学会使用木结构建造家园，《韩非子·五蠹》记载："上古之世，……有圣人作，构木为巢，以避群害"[143]。河姆渡文化时期已经出现了形式多样、结构合理的榫卯连接方式，浙江余姚河姆渡遗址中发掘出的木构件遗物有柱、梁、枋、板等，许多构件上都带有榫印。春秋战国时期，细木工艺逐渐形成系统的工艺技术，在长沙地区发掘出了很多战国时期的木棺椁和随葬木器，对这些木器进行研究的结果表明，这一时期的木工工艺已有以下特点：已经使用了捆缚连接、榫连接、胶合连接、金属件连接四种连接方法，还使用了多种动物胶[84]。先秦科技典籍《考工记》介绍了几种粘接效果最好的动物胶及其颜色，"鹿胶青白，马胶赤白，牛胶火赤，鼠胶黑，鱼胶饵，犀胶黄"[121]，表明该时期已经对动物胶的性质有较多的掌握。战国时期已发明了14类榫连接结构，每一类还可进一步分为若干种。其中直榫、鸠尾榫、圆榫是最基本的榫连接结构（见图3.3），其他结构都可以认为是由这3类结构发展变化而成的（见图3.4）。

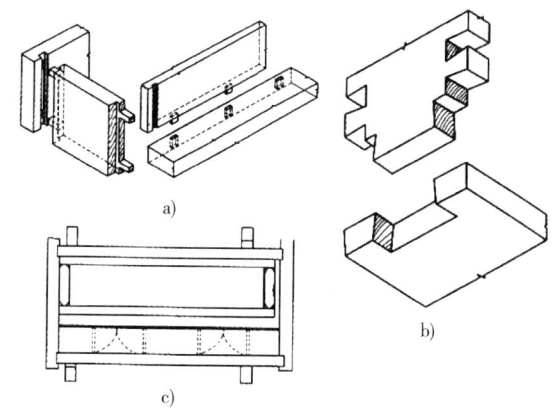

图3.3 榫连接的三种基本类型：a）直榫 b）鸠尾榫 c）圆榫
图片来源：林寿晋.战国细木工榫接合工艺研究.香港：香港中文大学出版社，1981

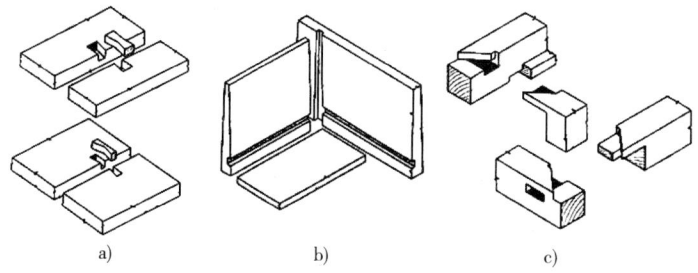

图3.4 发展变化的榫连接结构：a）蝶接 b）宽槽结合榫 c）切斜加半直榫
图片来源：林寿晋.战国细木工榫接合工艺研究.香港：香港中文大学出版社，1981

除了利用金属工具"斧、刀、锯、凿、锤"等对木材进行劈砍、切割、钻孔、研磨等以改变木材形状的冷加工方法外，木材还有热加工方法，即用火烘烤以改变木材塑性、形状、硬度和强度的方法。常规状态下，木材的塑性变形非常有限，木材在顺着纹理拉伸断裂时几乎不显塑性，这也使其在常规状态下显示出了很强的抗变形性能。但是在某些情况下需要增加木材的塑性，以使其变形成为所需要的形状，例如制作车辀、车轮、弓干等器物时。为了实现木材的塑性变形，古人采用煣木技术——即利用火熏烤木材使其变形的方法。《荀子·劝学》记载："木直中绳，煣以为轮，其曲中规，虽有槁暴，不复挺者，煣使之然也"[127]。描述的正是煣木技术使木材产生弯曲变形的方法，在火煣的过程中还利用了一种叫做"檃栝"的定型工具，正如《荀子·大略篇》所记载："乘舆之轮，太山之木也，示诸檃栝，三月五月，为帱菜，敝而不反其常"[127]。

成熟的木材加工工艺为商至秦独辀马车的制造提供了十分重要的技术支持，古车的车舆、车轴、车辀等都是涉及木材加工的工艺技术典范。

3.2.3　金属加工技术与古车设计制造

冶金技术的发展为人类提供了用青铜、铁等金属及各种合金材料制造的生活用具、生产工具和武器，提高了社会生产力，推动了社会进步。

人类开始使用金属始于新石器时代后期，经历了铜——青铜（包括铜砷、铜锡、铜铅和铜锌合金）——铁（包括块炼铁、生铁、熟铁或钢）几个阶段。青铜主要指铜锡合金，古代青铜往往还含有铅或其他金属，中国在商代以前或者商代初期时已经掌握了较高的铸造水平，已经可以铸造锥、锛、铃、铜爵等较复杂的青铜器物，还掌握了铸造中空器物的技术，如铜四羊权杖首。

商周时期是中国青铜器的鼎盛时期，在技术上处于当时世界领先水平。河南安阳出土的商代晚期司母戊鼎，是世界上已出土的最大古青铜器，这反映了在商代后期中国青铜铸造的卓越技术和宏大规模（如图3.5所示）。起初是用石质或者泥质范铸造简单的小件器物，后来逐渐用陶范熔铸大鼎，商代中期就可以用分铸法铸造青铜礼器、兵器以及车马器等器物了（见图3.5至图3.7）。西周时期陶范熔铸技术广为普及，春秋战国时期普遍使用浑铸、分铸、失蜡等方法制造新器型[144]。冶炼设备方面，最早使用陶质容器从外面加热或直接埋入木炭中，加热燃烧，以得到高温和还原气氛，后来发展成为带有风嘴的地炉。在商周冶铸的基础上，战国后期（公元前3世纪）的《周礼·考工记》还提到世界上已知最早关于合金成分规律的记载——"金有六齐"，即根据不同的铜锡配比制作对硬度和韧性要求不同的物品。如车轮，要求不易弯曲折断，要有很高的

第3章　得其圜中——商至秦独辀马车设计与使用 | 41

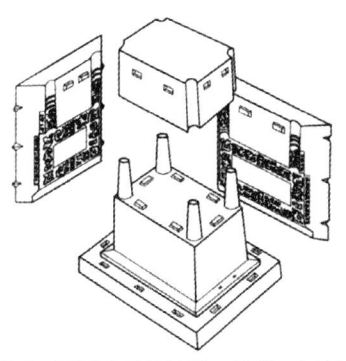

图3.5　司母戊鼎的铸模、铸范及其装配
图片来源：冯富根，王振江.司母戊鼎铸造工艺的再研究.中国冶铸史论集.北京：文物出版社，1986

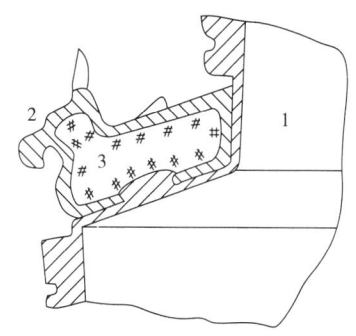

图3.6　先铸法——方罍兽头的铸接的分铸：1）罍本体、2）兽头、3）泥芯
图片来源：张春辉，游战洪，吴宗泽，刘元亮.中国机械工程发明史.北京：清华大学出版社，2004

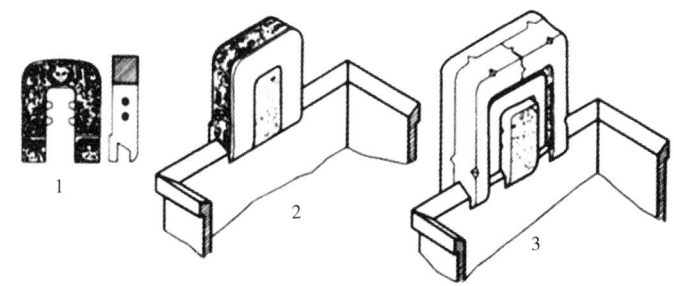

图3.7　后铸法——司母戊鼎：1）鼎耳模 2）鼎耳模和芯的安放 3）鼎耳范及其剖视
图片来源：张春辉，游战洪，吴宗泽，刘元亮.中国机械工程发明史.北京：清华大学出版社，2004

强度和韧性，则铜锡合金中锡占20%左右。青铜的冶炼工艺同样精湛，《周礼·考工记》记载："凡铸金之状，金与锡，黑浊之气竭，黄白次之；黄白之气竭，青白次之；青白之气竭，青气次之；然后可铸也"[121]。这种炉火纯青的火候掌握，是工匠的直观体验。

商至秦时期还使用了嵌错、鎏金等金属表面装饰工艺。在工件表面的沟槽中嵌入片状或丝状金银、红铜，再用错石打磨其表面，使嵌入物与本体表面光滑一致，称为嵌错工艺。用这种工艺可以嵌错出花纹或铭文，嵌槽可以用铁制工具在铜制表面凿成，也可把要嵌入本体的金属片、丝放在铸范表面上，在浇铸本体时铸入（称为"铸镶法"）。在商代有嵌错红铜的戈和钺，西周出土文物中尚未发现嵌错器械，至春秋中期复出，战国时已盛行。已经出土的商至秦古车实物中经常可以发现采用了错金银工艺的金属车马器，制作十分精美（见图3.8）。鎏金工艺包括金涂、镏金、火镀金等，用于装饰铜、铁器皿、建筑材料等，发明时间约在战国时代，在两汉时得到较大发展，后世一直沿用。工艺方法具体步骤包括配制金汞齐、清理零件表面、抹金、开金、压光等[145]。

采用鎏金工艺制作的器物镀金光亮耐久，具有金碧辉煌艺术效果，商至秦某些级别较高的古车上也曾采用鎏金工艺进行装饰。

金属加工工艺及表面装饰处理技术的成熟与完善为古车的设计制造提供了十分重要的技术支持，古车各种金属加固件和装饰件都体现出了该时期金属加工技术的高超水平。

图3.8 秦始皇1号铜车错金银伞杠
图片来源：胡伟峰摄于西安秦始皇兵马俑博物馆

3.2.4 马匹驯养技术与古车动力水平

上古之初，人们尚不知驾马拉车驮物，牧马则是用群放散养之法。中国的养马业最早是在原始社会末期出现的，"至迟在新石器时代，中国人已由容易地支配、驯服马到驯养马"[146]。《世本》云："相土作乘马"[147]，意为商十一世祖相土时已开始驯养马匹，可见早在殷商时期马匹的价值就已经被人们意识到。相土用槽喂、圈养之法饲养马匹，将马驯服，再加训练，于是马能拉车驮物，成为重要运输动力。随着社会的进步，使用马作为驱动力的马车在商朝后期已经比较常见，但仅仅局限于皇宫贵族外出、田猎、游乐之用，虽然殷商时期用马有很大的局限性，但马匹的使用逐渐广泛是毋庸置疑的，而与之相应的马匹管理技术和制度也日益全面[148]。至商灭周立，马匹的饲养技术和规模有了更大的发展，据《周礼·夏官》记载，仅管理马匹就有马质、驭夫、校人、趣马、巫马、牧师、廋人、圉师等多种职官，《周礼》中所记的这些有关养马的内容，比较全面地反映了先秦时期养马业的情况。

相马术、执驹、去势术、医马、饲养等养马技术的逐渐成熟，很大程度上保证了马匹的质量。湖北云梦出土的《睡虎地秦墓竹简》中出现了大量有关马匹管理的条文，其中关于马匹疾病治疗和预防便是当时国营养马机构相当重视的一项内容。《睡虎地秦墓竹简》的《法律答问》中有"者（诸）侯客来者，以火炎其衡厄（轭），炎之可（何）？当者（诸）侯不治骚马，骚马虫皆丽衡厄（轭）鞅辕，是以炎之"[149]。这段描述主要是针对马匹寄生虫的防治问题提出的一系列相关处理办法,可见当时对于大规模的马匹饲养,人们已经总结出了一套行之有效的饲养和治疗马疾的方法。要使马车行动自如,不是一件容易的事,除了系驾方法得当,还要熟练掌握驾车技术,如《诗经·小雅·车辖》所记载"四牡骓骓,六辔如琴"[123],古人所谓"六艺"(礼、乐、射、御、书、数)中"御"即指驾马技艺,是古人必须掌握的重要技能,在车战中"御手"的技术水平更是可以直接影响战争的胜负。《礼记·王制》记载:"凡执技以事上者,祝、史、射、御、医、卜及百工"[128]。驾车的驭手与祭司、天文学家、射手、医生、卜卦者的地位是同等重要的。

  商至秦古车绝大多数采用畜力驱动,而使用最为广泛力畜为马和牛。马具有速度快、爆发力强且有一定的耐力,成为古车最优秀的动力,马车驾二马为骈,驾三马为骖,驾四马为驷,中间的为服马,两边的为骖马。牛性情温顺、耐力极佳,常用于运输车辆的动力,魏晋以后高级乘车也常用牛驾挽。马匹饲养和驾驭技术的逐步提高与完善,保证了商至秦独辀车的动力供应,并在一定程度上促进了古车的发展和演进。

第4章　开物成务
——商至秦独辀马车典型案例研究

古希腊哲学家巴门尼德（Parmenides，约公元前515年—前5世纪中叶）说："可以被思想的东西和思想的目标是同一的；因为你找不到一个思想是没有它所表达的存在的"[150]。巴门尼德强调了思想与存在物自身的同一。因此，关于存在物的思想研究必然要涉及对存在物本身的系统研究。前文从地理交通、社会文化、政治经济以及技术基础等角度对商至秦古车使用及设计的相关背景因素进行了研究，接下来还须从"物"的角度，剖析商至秦独辀马车典型案例。本章首先从转动、曳引、承载和系驾四个部分对商至秦独辀马车结构及原理进行分析，然后对商至秦独辀马车的发展历程、演进逻辑进行全面探研，更准确、客观、科学、系统地把握其历史演进脉络，为后续归纳古车设计制造范式和设计思想研究奠定坚实基础。

4.1　商至秦独辀马车及其原理分析

我国古车存在独辀车和双辕车两个发展时期，在车箱中间部位装单根车辕（称为"辀"）的车谓之独辀车（见图4.1）；在车箱两侧装两根车辕的车称为双辕车（见图4.2）。虽然我国双辕车出现于战国初期（凤翔八旗屯BM103出土的战国初期的双辕陶牛车模型可以作为物证），但是商至秦时期绝大多数的车都是独辀车，西汉中期以后才普遍使用双辕车[40]。因此本文重点选取独辀车作为典型案例进行研究，双辕车仅做简单介绍，按照郭宝钧先生的研究逻辑将商至秦古独辀马车分转动、曳引、承载和系驾四个部分进行分析[37]。

4.1.1　商至秦独辀马车转动分析

"转动"是车辆的关键行为模式，是满足人类"引重致远"需求的重要功能特征。车辆只有通过车轮运转才能实现空间位置移动，从而完成交通运输之"事"。那么古车应该具有什么样的特定"物理结构"，才能实现其"运转""移动"等意向功能呢？

商至秦古独辀马车转动部分由车轮和车轴组成。车轴位于车舆底部，其功

第 4 章 开物成务——商至秦独辀马车典型案例研究 | 45

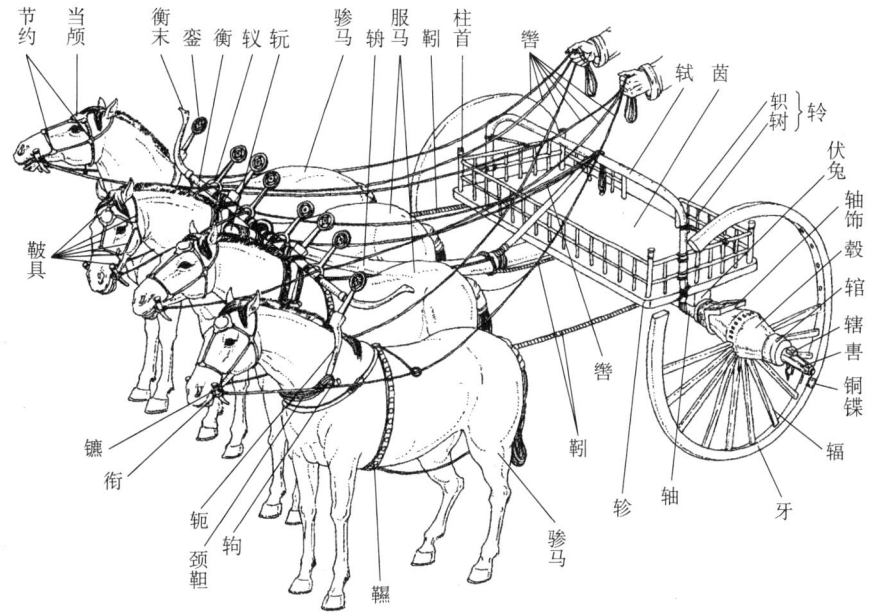

图4.1 商至秦独辀马车结构示意图
图片来源：刘永华. 中国古代车舆马具. 上海：上海辞书出版社，2002

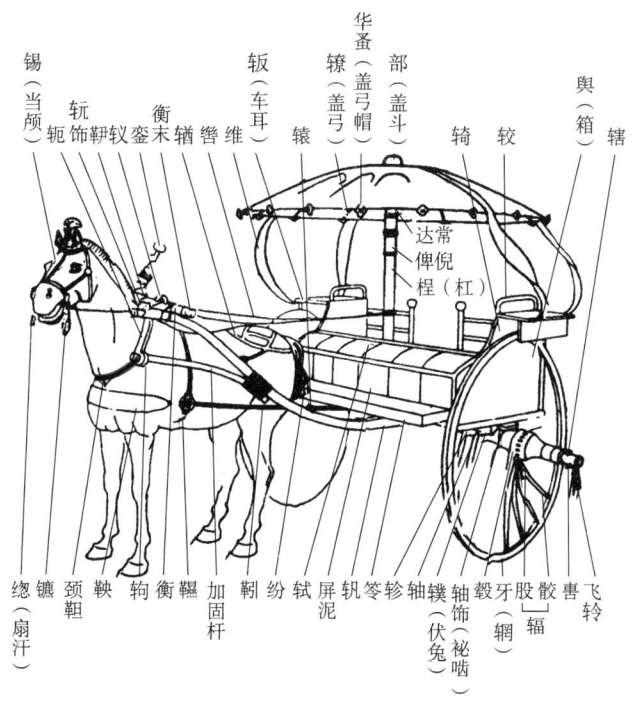

图4.2 双辕车结构示意图
图片来源：胡伟峰摄于河南新郑郑公墓博物馆

用为承舆持轮。车轮贯穿于轴的两端，用以承重、运转。车轴和车轮都是古车的关键承重运转部件。车轮由毂、辐、牙三部分构成，毂居圆心，牙在圆周，辐是由圆心到圆周的连接支柱（见图4.3）。《考工记》曰："毂也者，以为利转也；牙也者，以为固抱也；辐也者，以为直指也。"[121]，分别道出了三者的功用。毂是位于车轮中心的一个圆木部件，由于车轴要从其中间穿过，所以毂中心要凿一个很大的孔。另外，又由于毂的外周要装辐条，所以必须凿有18~30个榫眼。毂靠近舆一侧略粗于外侧，孔径也稍大一些，目的是与轴相配合。孔径大的一端称为"贤"端，孔径小的一端称为"轵"端。《考工记·轮人》曰："五分其毂之长，去一以为贤，去三以为轵。"[121]，对贤、轵的尺寸做了规定。商周时期的车毂上一般都有金属毂饰辖、軎、軧，铜毂饰在一定程度上保护了毂，对毂有加固作用（见图4.3）。春秋战国时期出现了在毂上缠裹皮筋然后再涂胶加固的新技术（见图4.4），这种加固方式不仅使毂更加牢固，还减轻了车轮的重量。

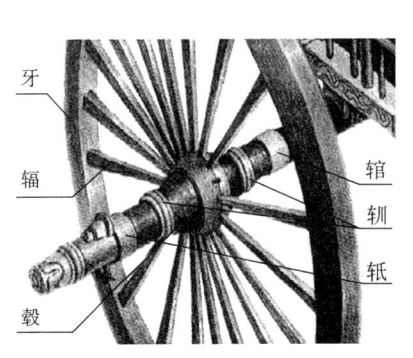

图4.3　车轮部件示意图

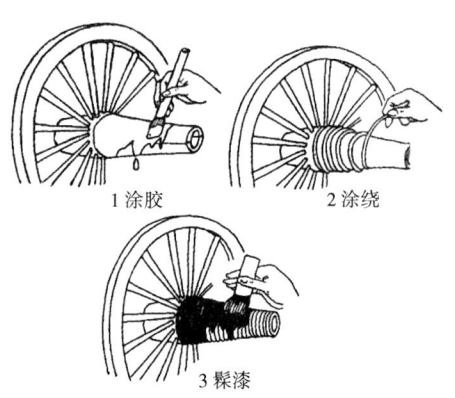

图4.4　车毂加固方法

辐是车轮的支柱，它上接毂，下指牙，整个车舆的重量都由其承接过来并传递到地面（见图4.3）。辐虽多条，但同时起支撑作用的只有两条，所以辐在轮中的功用非常重要。先秦时期每个车轮辐的数量一般在18~30个。轮外围抱辐的大圆圈叫做牙（枒），也称为辋，其功用是抱辐（见图4.3）。《释名·释车》曰："辋，罔也，罔罗周轮之外也"[151]。牙一般由几段木条拼接而成，接头处还往往带有铜枒饰。

车轴的功用是承舆持轮，其外形如一条长木杠（见图4.5）。轴的两端安装有铜害饰，而且有长型、短型、折边型、飞铃式、横刃式等很多种类（见图4.6），还有套在轴上、居舆与轮之间的轴饰，其功用为制毂、使之不得内侵。

第 4 章 开物成务——商至秦独辀马车典型案例研究 | 47

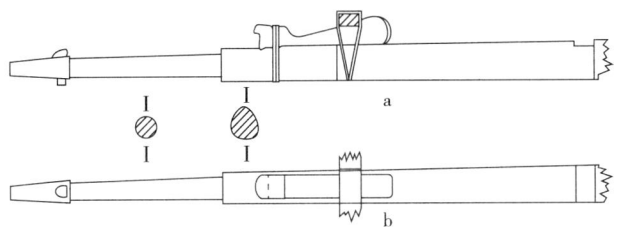

图4.5 车轴正视、俯视图
图片来源：郭宝钧.殷周车器研究.北京：文物出版社，1998

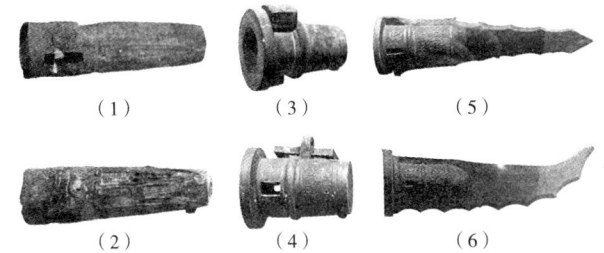

（1）商　安阳小屯M20号出土　　　　（2）商　安阳郭家庄出土
（3）战国　湖北江陵天星观M1出土　　（4）战国　洛阳中州路战国车马坑
（5）战国　湖北随县曾乙侯墓出土　　 （6）战国　日本收藏

图4.6 短型及横刃式车䡞饰
图片来源：胡伟峰摄于淄博古车博物馆以及洛阳天子驾六博物馆

轴为了达到持轮的目的，需要一个能够防止车辆运行当中轮脱离轴而去的部件，这个部件就是通常所说的"辖"。《淮南子·人间训》云："夫车之所以能转千里者，以其要在三寸之辖"[135]。辖穿插在轴端长方孔内，样子颇像十字架（见图4.7）。殷商时期还都是用木质车辖，西周开始使用铜质车辖。为了减少轮轴之间的摩擦、使得运转更加顺畅，战国时发明了在毂孔中装钉，在木车轴上装铜的原始的轴承装置，还常采用脂膏润滑。

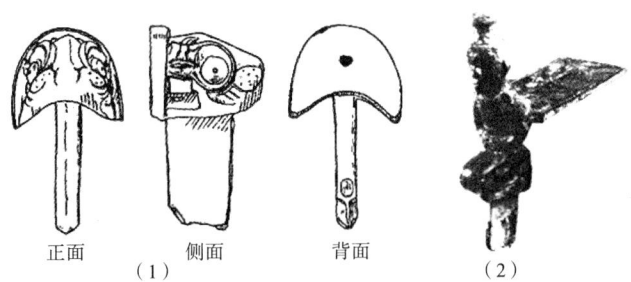

正面　　侧面　　背面
　　　（1）　　　　　　（2）

图4.7 车辖示意图：1）商代车辖、2）西周车辖（洛阳出土，辖和铜轴饰一体，是个孤例）
图片来源：1.郭宝钧.殷周车器研究.北京：文物出版社，1998；2.胡伟峰摄于洛阳天子驾六博物馆

毂、辐、牙；轴、軎、辖等部件组合成了商至秦独辀马车的运转系统，从而实现了人类"引重致远"的意图。

4.1.2 商至秦独辀马车曳引分析

车辆要实现其转动功能还需要动力的曳引，从而将力畜的生物能转化成车辆空间位置移动所需要的机械能，那么古车应该具有什么样特定曳引"物理结构"才能实现从力畜的生物能到实现车辆空间位置移动所需机械能之间的转化呢？

商至秦古独辀马车曳引部分主要包括辀、衡和轭。衡居辀前绑缚轭以驾马；辀居衡中，前半出舆前以持衡，后半在舆下含轴以承舆。辀、衡、轴是商至秦古独辀马车的三大任木，是车的骨架部分。在车箱轸木之下横向装轴，竖向装辀，轴辀的交点基本位于车箱的中心点。辀在上轴在下，辀的下侧和轴的上侧各挖一个槽卯合在一起。辀的功用是前持衡而后承舆，且借以曳车行进，所以其形制必须是辀首要高、胡要曲而轧和踵则要平，并且应是用粗壮的长木制成（见图4.8）。辀的长度一般在两米以上，这主要是由马匹的身长决定。辀上的铜饰有三处，在辀首部的叫做轭饰（见图4.9），在中部的叫做轧饰，在末端的叫做踵饰（见图4.10）。

衡是垂直于辀的一根木条，位置在辀首，驾马的轭绑缚在衡上（见图4.11）。《释名》曰："衡，横也，横马颈上也"[151]。《庄子·马蹄篇》释文："陆德明曰：'衡，辕前横木，缚轭者也'[5]"车衡由于要负重受力所以不能太细也不能太长，

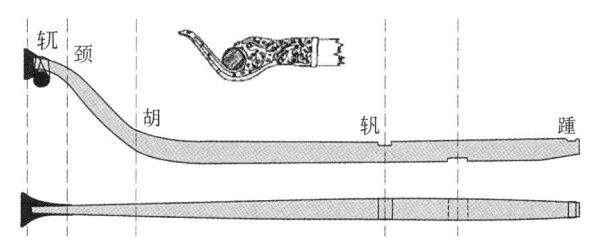

图4.8 车辀正视、俯视及局部示意图

（1）商 河南安阳小屯M20出土　（2）战国 河南辉县赵固MI出土

图4.9 轭首饰
图片来源：胡伟峰摄于淄博古车博物馆

商 安阳郭家庄出土

图4.10 踵饰
图片来源：胡伟峰摄于淄博古车博物馆

否则会阻碍骖马的活动。《考工记》曰："轮崇，车广，衡长，叁如一，谓之叁称。……衡任者五分其长，以其一为之围，小于度，谓之无任"[121]。对衡长和衡径的标准进行了规定。车衡装饰件比较多，有衡中饰和衡末饰，甚至还有位于衡中与两轭之间的衡内饰以及位于轭外与衡末之间的衡外饰。

轭是衡上主要的附属物，轭的功用在驾牛、马，轭的形制为上端直，下分两叉（见图4.11）。上端直的部位称为"轭首"，分叉处稍微向上弯曲，旧名"軥"，轭上也有铜轭首饰和轭脚饰（见图4.12）。

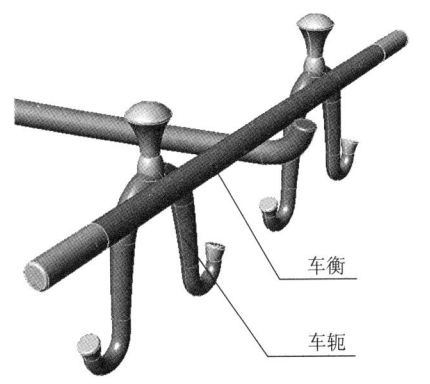

图4.11　车衡、轭示意图

图片来源：胡伟峰根据三门峡上村岭虢国1727号车马坑4号车三维数字复原

图4.12　车轭首饰、轭足饰

图片来源：胡伟峰摄于淄博古车博物馆

辀、衡、轭共同构成了商至秦古独辀马车的曳引系统，它们之间用革带绑缚连接，纵横交错，以畜力牵引前行。

4.1.3　商至秦独辀马车承载分析

"乘人载物"是车辆关键功能属性，也是人类制造车辆的主要意图，车辆通过承载系统乘人载物，进而实现"人、物"合目的性的空间位置移动，才能"成务"——完成交通运输之"事"。那么古车应该具有什么样的特定"物理结构"才能实现其承载功能呢？

商至秦古独辀马车的乘载部分由舆和车盖组成。舆是指车子的车箱，《释名》曰："舆，举也，谓可昇而举之也"[151]。"昇而举之"，就是说车箱可从轮、轴上卸下，并能将其抬举起来，故叫舆。先秦车舆形制基本上为横方形，即横向宽进深浅，后来为了增加装载量，进深逐渐加深，而且也不仅局限于方形。车盖也出现了全封闭的形式，逐渐演变出了能够控制车厢内温度的封闭车厢（见图4.13），详情参见4.2.5。

车舆由轸、轮、轼、较、茵等构成（见图4.14）。轸是车舆底部的四面边框，用以承托车舆底板和树植车轮、较、栏杆；轮则是轸木之上纵横交错的木条，横向为轵和纵向为轛，也有用整块木板封死的封闭式车围栏。轮的左右两侧又称为"輢"，后部中间留有上下车的车门——"羃"，以便人上下车。车箱底板称为"茵"板，或叫"荐"板。"轼"则是指车轮的前部，《释名》云："轼，式也，所伏以式所敬者也"[151]，指乘车人向别人致敬时要扶轼行礼，也有学者把西周时期才出现的离舆前轼约一尺的地方另装的一根横轵称为轼。较，由于前轼、旁輢的立柱很低和顶篷或车盖之间不相衔接，于是需要在四角輢柱上再接上一节短柱，把輢木加高，以资支撑，这加高的一节短柱就叫做"较"。《考工记》曰："以其广之半为之式崇，以其隧之半为之较崇"[121]。对较的高度做了规定。

图4.13 秦陵二号安车的车舆图
图片来源：胡伟峰摄于西安秦始皇兵马俑博物馆

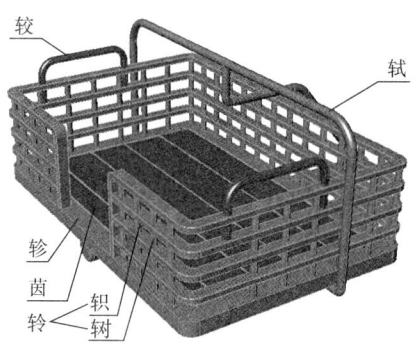

图4.14 车舆结构示意图
图片来源：胡伟峰根据三门峡上村岭虢国1727号车马坑4号车三维数字复原

车盖是古车的上顶，形制和现今大雨伞十分相似。盖的主要功用是遮雨，盛暑之时也可以遮挡烈日。早期的车子没有篷或盖，出于对防雨或蔽日的需要，到了殷周后期才逐渐出现了车篷或盖。车盖主要是由盖斗、盖弓和车篷三部分组成（见图4.15），盖斗是总持盖弓的部分，盖斗的功用好像是车轮中总凑众辐的毂，所以也叫"笠毂"。盖弓是支撑盖衣的骨架，盖弓近盖斗处高，近爪处卑，两根盖弓对接起来好像是一张拱背下覆的弓形，所以又叫盖弓，弓形有利于雨天车盖泄水。车盖既然是古代重要的礼仪用品，则少不了精美的金属装饰件。车盖的伞柄接插部件称为"鐏锐"，装饰华丽，有些还使用了错金银纹饰（见图4.16）。盖弓末端有精致的盖弓帽，制作精巧，造型优美。古车除了用盖，也有些用长方形的车篷。车篷要比车箱的底部稍大，形制有点像建筑物的屋顶，后来逐渐演变成封闭式车厢，在恶劣的天气中能够更加舒适。

第 4 章 开物成务——商至秦独辀马车典型案例研究 | 51

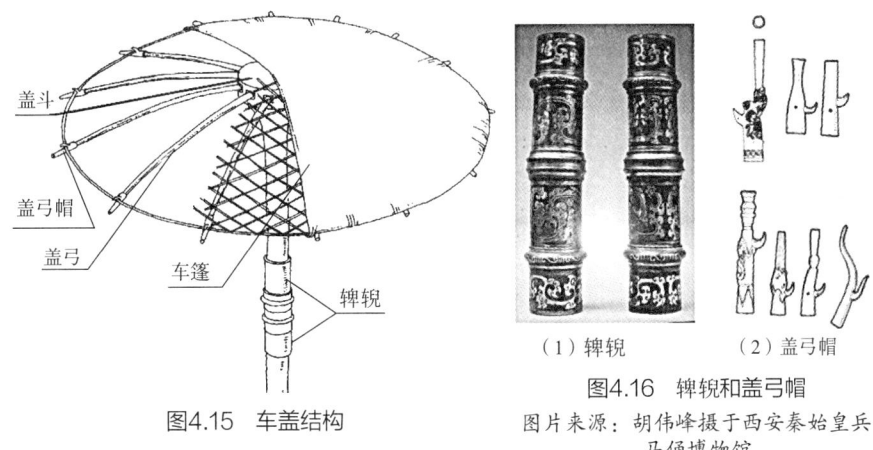

图4.15 车盖结构

（1）輠軏　（2）盖弓帽
图4.16 輠軏和盖弓帽
图片来源：胡伟峰摄于西安秦始皇兵马俑博物馆

车舆和车盖共同构成了车辆的承载系统，从而实现了古独辀马车"乘人载物"的意向功能，而且充满人性化的设计使得乘车人出行安全、舒适。

4.1.4 商至秦独辀马车系驾分析

商至秦古独辀车一般采用畜力驱动，马是最常用、最优秀的动力，本文就以马车为例对其系驾部分进行简单分析。古车系驾部分简单说就是把马系在车上，让马牵引车前行，要求在行驶中马和车不脱离。如图4.17、图4.18所示，轭和鞅（或叫颈靼，《说文解字》曰："鞅，颈靼也"[109]）是控制马使之不脱离车的重要工具，轭上端绑缚在衡上，下端的两钩叉在马颈肩间，马一就轭，车就驾起，这是系马的第一步。为了防止马脱轭，必须使用鞅带环绕于马颈而回

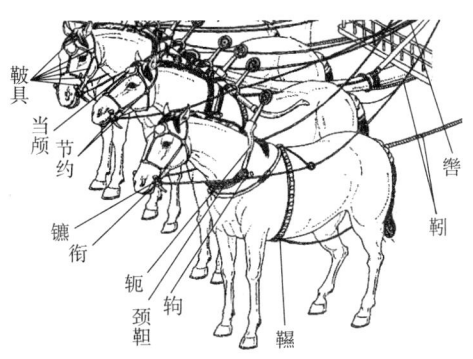

图4.17 独辀马车系驾法及部分马具示意图
图片来源：刘永华.中国古代车舆马具.上海：上海辞书出版社，2002

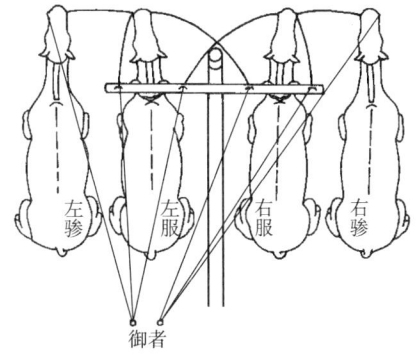

图4.18 御者驾四马六辔示意图
图片来源：胡伟峰摄于淄博古车博物馆

绑于轭軥的两长方孔中，这样就将马牢牢地绑缚于轭内，不会脱离车子而去。独辀车的服马通过衡、軥牵引车子前行，而位于边上的两匹骖马根本就不通过衡、軥来驱动车，只以轭、鞅夹颈，再以续接靷，以缚于轴，就可以引车前进了[152]。服马除了引车前行，还要保持车子平衡，因为车舆后重前轻，所以軥、衡必然会上翘，马须用全身之重量以压下軥、衡，从而保持车子平衡，它的联系物为鞼——即今之马肚带。车在行进中有超车、让路、后退以及下坡时需要将车稳住逐渐下移，这时需要一个稳车后退的工具——鞧。

在行驶中驾车人还要能够熟练地控制马匹、使马听指挥才能顺利前行，这就需要御马工具。从考古遗存迹象中发现用于络马头的有勒、封马口的有笼嘴、驱马使进者有鞭策、顿马使止者有衔和镳、指示方向的有左辔和右辔、牵之使不得逃逸者有缰绳（见图4.17、图4.18）。

4.2 商至秦独辀马车的发展历程

4.2.1 中国古车的起源之争

关于中国古车起源问题是相关学者争论的热点话题，但由于不是本文的研究重点，限于篇幅笔者在此仅就相关专家的大量研究工作进行简要的归纳，并将目前比较公认的一些研究观点进行对比和分析，以求接近事实本相，并在此基础上得出倾向性观点。

4.2.1.1 中国古车本土起源说及其证据

（1）中西古车系驾法的不同。关于中西方马车的系驾法很早就有研究人员注意到了它们的区别，孙机对中西马车的系驾法进行了详细的对比研究，概括地认为地中海地区早期马车的系驾法为"颈带式系驾法"[60, 62]，中国先秦时期马车的系驾法为"轭靷式系驾法"（见图4.19），二者存在本质区别。据此，很多人认为系驾法的不同是支持中国古车本土起源的一个非常有力的证据，郑若葵、王建中、翟德芳等也表达了类似观点。

（2）中西古车形制的区别。郑若葵等从中西古车的式样形制方面进行比对研究，发现中国古车和西方古车存在诸多的不同之处。

中西古车的车轮数及用途上存在差异。公元前20世纪，赫梯人使用四轮马车；青铜时代的西亚、北欧地区也流行四轮马车。有辐车轮发明以后，约公元前16世纪前后，前亚、西亚、埃及、希腊以及与其接壤的地区，战争用车改用轻便的两轮车，而运输用的货车仍保持四轮。而中国商代的车不论乘用车、战

第 4 章　开物成务——商至秦独辀马车典型案例研究 | 53

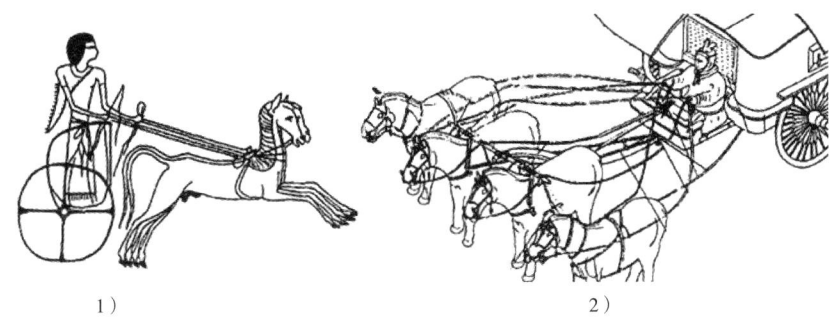

1)　　　　　　　　　　　　　　　2)

图4.19　"颈带式系驾法"与"轭靷式系驾法"对比

图片来源：1. 赵士祺. 秦陵铜车马与秦车马制——论铜车马的产生、特点及地位. 西北大学硕士学位论文；2. 胡伟峰摄于西安秦始皇兵马俑博物馆

车还是运输用车都是两轮车。

中西古车从车轮形制及构造上存在差异。西方早期（公元前20至前10世纪）古车的车轮轮径都不大，多数在1米以下（如埃及、赫梯、迈锡尼的早期古车），而中国商代车的车轮较大，轮径往往在1.5米左右。西方早期古车的轮辐数相对来说比较少，一般都在15根以下，而中国商代的马车轮辐数往往以18根为常制，更有个别的可以达到22或者26根，这些中西古车车轮的区别也是比较明显的。

中西古车舆箱在造型、结构和容积上亦存在明显差异。如公元前20世纪赫梯人的四轮马车，车厢前端有楼台式栏壁，后半部栏壁低矮（似为座台），中间空阙，作用约相当于中国古车舆后的车门（见图4.20）。再如公元前16世纪埃及的轻战车，舆盘平面呈半圆型，舆身仅设置正视如"M"型，俯视为"V"型的栏杆，舆后敞开做车门，前部置辀（见图4.21）。而中国商代的马车车舆绝大多数是横长方形，左右宽，进深浅，舆体是木质杆栏轸壁，车舆后开门供乘车人上下车。西方早期（公元前20至前10世纪）马车车舆容积比较小，仅能乘坐一二人，相比之下，中国商代马车车舆容积比较大。

由此认为西方（小亚细亚、西亚、埃及、克里特、希腊以及前苏联近东地

　　　　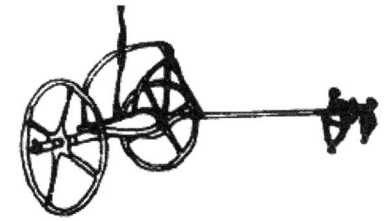

图4.20　公元前20世纪的赫梯人的四轮马车　　图4.21　埃及底比斯马战车

图片来源：郑若葵. 论中国古代马车的渊源. 华夏考古, 1995, (3): 41-55

区）早期古车属于一个文化体系，而中国商代古车是则属于另外一个文化体系，两者存在很多明显区别，从而为中国古车本土起源说提供佐证[153]。

（3）中国古文献关于中国古车创始人的记载也为本土起源说提供佐证。《墨子·非儒篇》《荀子·解蔽篇》《管子·形势篇》《吕氏春秋·君守篇》《左传·定公元年》等这些古文献均认为是夏朝的奚仲发明了车。《释名》《古史考》等认为是黄帝发明了车。古文献关于中国古车创始人的记载在一定程度上也为中国古车本地起源提供了文本证据。

4.2.1.2 中国古车西方传入说及其证据

（1）中国古车和西方某些区域（尤其是欧亚草原及西亚地区）的古车不论形制、结构还是制作技术上都有很多相似之处，某些细节甚至完全一致。北京大学的王海城在其《中西早期马车比较研究》一文中对中西方早期马车的相同点进行了归纳整理比对研究[80]。

车轮方面：中西都采用辐式车轮，制轮工艺都是揉木成轮；轮牙一般都是由两段材料搭接而成，轮牙截面形状都是长方形或梯形；辐条入牙都是采用榫接技术，辐条都是近毂端细而近牙端粗；车毂的形状都是圆筒形或者算珠形，长度相似，车毂内都有润滑油以减少摩擦；都采用套輨的方式加固车毂。

车轴方面：中西马车都有轴饰和车辖，而且二者的形状和结构相似；中西马车都有伏兔。

车辀、衡和轭方面：都有类似踵饰的部件来加固辕尾；都有类似軏饰的部件来加固车辕和前轸的结合处；车辕和车衡的连接处除了皮条绑缚连接外，都是用了木楔之类的东西把两者固定；都有曲衡；车轭的构造极其相似。

车舆方面：舆底都用皮条编织，上面都铺有垫席，车舆都有干栏式车厢。

御马器方面：马镳、马衔、马鞭以及弓形器都有相似之处，甚至是某些细节都极为相似。中西马车的制造技术也基本一致，对马车维护方法也十相似。

（2）目前所有古车考古材料年代最早的都不在中国。

目前考古发现的古车材料年代最早的在中东地区和欧洲。在叙利亚耶班尔·阿鲁达（Jebel Aruda）和土耳其东部阿尔斯兰特坡（Arslantepe）出土的两只泥做的两侧有突出轮毂车轮模型，被证实是属于苏美尔人在乌鲁克文化时期（约公元前3500年至公元前3100年）所造的车轮模型，此外还发现表示四轮车子的象形文字（见图4.22）[154]。

中东地区完整的车子形象发现于距今4600余年的苏美尔王朝乌尔王陵中的一件艺术品上，是一辆用四匹马拉的四轮运兵战车，车轮没有辐条由两块木板拼合而成（见图4.23）[40]。

第4章 开物成务——商至秦独辀马车典型案例研究

图4.22 乌鲁克文化象形"车"字
图片来源：郑若葵. 论中国古代马车的渊源. 华夏考古, 1995, (3): 41-55

图4.23 乌尔王陵中发现的四轮战车
图片来源：刘永华. 中国古代车舆马具. 上海：上海辞书出版社, 2002

中亚最早的实物马车材料是属辛塔什塔-彼德罗夫卡（Sintashta-Petrovka）文化（其年代约为公元前2200/2100—公元前1800/1700年），于1972年在车里雅宾斯克（Chelyabinsk）地区发现的。辛塔什塔-彼德罗夫卡（Sintashta-Petrovka）文化现在共发现14座墓各随葬一辆马车，其中辛塔什塔墓地有6辆。在其中的一些墓中发现一些全部腐朽的木质车轮，从车轮痕迹推断轮径约90厘米。在两轮之间发现车舆的痕迹从轨距及墓室宽度推算，车舆宽约90厘米，进深不详。没有发现车辕、轭的痕迹[80]。墓葬中发现有大量的马骨，在位于辛塔什塔墓地北部的克里夫沃奥泽罗墓地亦发现有骨质或者角质的马镳，证实这些车原是设计由马来拖曳的[155]。

在阿尔泰的乌拉干河畔巴泽雷克地区，考古人员在1929—1949年间相继发现了五座保存完好的古墓，古墓内埋葬的一些马车和马具是草原地带宝贵的车马研究资料。在第五座巴泽雷克古墓（发掘于1949年，属公元前5—公元前4世纪）的木椁外葬有五只骑用马匹，配有马鞍和笼头，另有四马拉动的车子一辆，载重四轮车子数辆。马车保存十分完整，结构特殊。马车可以拆卸，它的各部用皮条系住，在坟墓内，它是拆开放置的，车身和轮轴连在一起，不可拆，两轴靠得很近，以至前后轮几乎相碰，两轴的距离小于同轴上两轮的距离。车身由车箱和高耸其上的车伞构成，车架上有刻纹栏干，车伞有伞盖。该车笨重而不大灵活，车高约3米，以四马套驾，其中两马套在衡上，另两匹分系于两旁。马具只有笼头，上饰几块贴金的相同木牌。车轮的结构非常原始，而且套车的方法也极不完善，辕马用轭和一对曲木套在衡上（见图4.24）。在其他的四座巴泽雷克古墓均发现了大量的马具，主要是马鞍和笼头。有些马鞍和笼头装饰十分考究，有金银装饰件，如第一座巴泽雷克古墓出土的笼头（见图4.25）。在第二座巴泽雷克古墓里除了发现马鞍和笼头外，还在马旁发现马鬃上的饰物和面具[156]。

 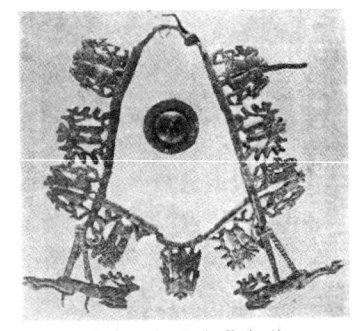

图4.24　巴泽雷克第五座古墓出土马车　　图4.25　巴泽雷克第一座古墓出土马具
图片来源：М.П.格里亚兹诺夫；О.И.达维母；К.М.斯卡郎.阿尔泰巴泽雷克的五座古塚，考古，1960，63-69

从巴泽雷克古墓发掘出的马车材料可以证实，最迟在公元前5世纪阿尔泰地区已经有十分成熟的马车，并被广泛使用。巴泽雷克古墓出土的马车和中国同时期（春秋末战国初期）的马车有相似之处，譬如都使用了轭和衡的系驾装置；也有明显不同之处，比如车轮数量和车盖形制等。

欧洲最早的古车材料来自德国与波兰。1989年，在德国夫林班克（Flintbek）发现了年代约为公元前3650年至公元前3400年的三道车轮印辙[154]。在波兰南部布洛诺西（Bronocice）发现了时代约为公元前3530年至公元前3310年的残破陶器，该陶器上画有四轮、独辕、辕呈Y形的车子图像[157]。在匈牙利出土了两只被做成车子形状的陶杯，其时代均为公元前4000年代晚期到公元前3000年代初期[158]。此外，在乌克兰据说还发现了公元前4000年代后期的车子实物[159]。

由以上材料可知两河流域及欧洲在公元前4000年代后期已经确定有了车辆，车最初发明的时间显然还要更早。而中国目前发现的最早古车材料是商代晚期古车，笔者认为这是"西来说"最具说服力的证据。

（3）西方古车有完整的演进序列，而中国古车缺乏演进序列。

西方古车有从四轮到双轮、从实心车轮到辐式车轮、从用牛（或驴）拉车到用马拉车的发展过程，演变发展序列相对比较完整。但是中国古车一出现就是十分成熟的有辐双轮马车，之前较原始形式在中国找不到，缺乏完整明显的发展演变序列。西方古车及车轮形式都显得丰富多样，而中国古车及车轮种类甚少。

对比中国古车起源的两种说法，笔者认为"西来说"证据更加充分、客观性强，比较有说服力。中国古车和西方古车固然在车厢结构和车轮构造方面存在着些许不同，但是更应该看到中西方古车在形制和构造方式上存在更多的相似之处，尤其是某些部件的细节部位也几乎一致，而且两者在时间上具有明显的先后顺序，这就很难再说是两者完全独立地发明了古车，证明了两者的同源性。部分中国古车"本土起源说"的证据材料不全面，新发现的古车材料甚至可以推翻其观点。譬如关于中西古车"系驾法区别"，在瑞典法拉那坡（Frannarp）的青铜时代岩画中，发现了类似两辀的图像，在中亚地区的车子遗迹中也经常发现"轭靼式系驾法"[160]。中亚"轭靼式系驾法"比中国殷商时期的"轭靼式系驾法"原始得多，所以这种系驾法的区别不仅不可以证明中国古车"本土起源说"，反而证明了中国殷商轭靼式系驾法有可能来自中亚[161]。中国古文献关于奚仲、黄帝作车的记载仅仅是文字资料的记载，缺乏实物材料佐证，也许只是传说而已。

至于中国古车到底来源于西方的具体哪些区域目前还没有一个明确的定论，但是有研究人员根据中国古车和欧亚草原及西亚的古车有诸多相似的特征，认为中国古车和欧亚草原及西亚的古车有着共同的源头，并大致描绘了车子从中亚传至新疆，再由新疆传至西北甘青地区，最后传入中原的传播路线[80]。

暂且不去考究中国古车到底来源于哪些区域，但可以肯定的是中国和西方某些区域之间的文化交流对于中西古车传播起到了重要的促进作用。

有学者将中国北方（山西吉县上东村、石楼外庄村和曹家垣）出土的蛇首"勺形器"以及年代更晚的夏家店上层文化（内蒙古宁城县小黑石沟M806）出土的鹿首镳进行研究，并总结蛇首勺形马镳向鹿首马镳的演变规律。同时将中国北方出土的马镳和欧亚草原茹斯托夫（Rostov）附近的Novocherkassk窖藏出土的马镳、黑海北岸的KelerrnesM1墓地以及ZhabotinM524出土的马镳进行比对研究（见图4.26）。虽然基于考古发掘的偶然性不能从时间先后上明确肯定两地之间的传播顺序，但是根据中国北方地区与欧亚草原的马镳发展演变规律相同的证据，认为这种发展的相同规律是由于频繁的文化交往造成的[162]。

还有研究人员在内蒙的阴山、乌兰察布草原以及锡林郭勒草原发现了30多处青铜时代的古车岩画（见图4.27）[163]。阴山发现的车辆岩画多数车形由轮、舆、轴组成，前面有一条长长的单辕，两匹辕马位于单辕的两侧，背向辕条。车有双轮，且多数轮子有辐条；车轴在舆的下面通过，连着两轮。在乌拉特中旗阴山中布日格斯太沟南边悬崖上，是前后相随的两辆空车：前面一辆，双辕，辕前一横木（衡）双轮一舆，轴在车舆的下面通过，辐条右轮6根，左轮4根。辕条与后世的双辕不同，两辕不是平行的，而是在舆前面交汇在一念。后车与此稍有不同，单辕、双轮、方舆，左右轮各5根辐条（图4.27，4）。

乌兰察布车辆岩画的基本构成是单辕、双轮、一舆、车轴从舆下通过。有空车，也有套马的车，两马背靠辕条，车轮上一般没有辐条。有个别车形，车

形制\地域	钮在一侧					钮在中轴线
	宽短形			细长形		
中国北方	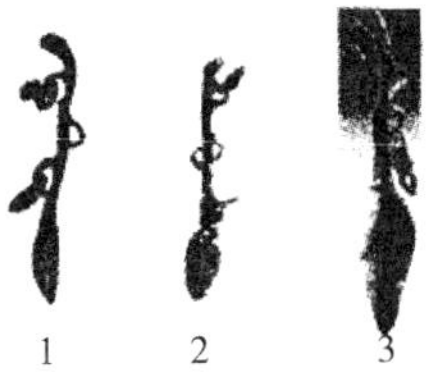 1	2	3	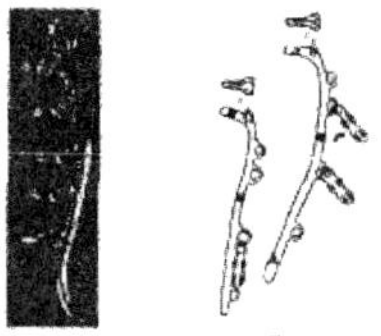 4	5	
欧亚草原	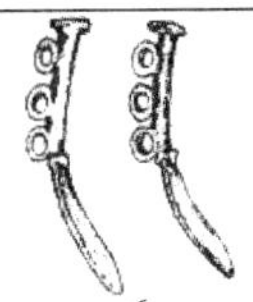 6			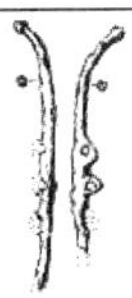 7		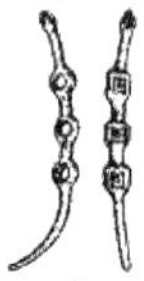 8

1,2　山西省吉县上东村　3　鄂尔多斯征集　4　东京国立博物馆　5　内蒙古小黑石沟
　6　Novochekassk窖藏　7　Kelermes M1　8　Zhabotin M524

图4.26　中国北方与欧亚草原公元前1世纪上半叶马镳比较

图片来源：杨建华.从晋陕高原"勺形器"的用途看中国北方与欧亚草原在御马器方面的
　　　　　联系.西域研究，2007，110-115

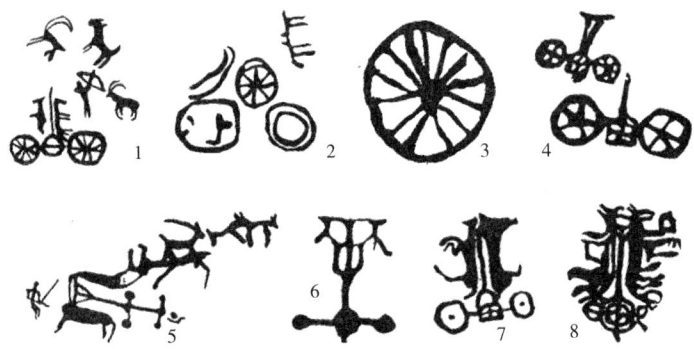

图4.27　内蒙古部分青铜时代车辆岩画

图片来源：盖山林.蒙古高原青铜时代的车辆岩画［A］.盖山林文集
　　　　　［Z］，哈尔滨：黑龙江教育出版社，1995，74-89

后有人形，表示赶车者（图4.27，6—8）。值得注意的是，在达尔罕茂明安联合旗百灵庙东北的山崖上，发现一辆四轮马车岩画。该车前后各有两轮，单辕，前轮之前辕两侧各套一马，背向辕条，辕条末端有一横木（衡），似是胸式驾车法驾车。车舆用一圆点表示，车前一持棒人，是赶车人还是牧者，尚难判知。在车形右上方，有行走的山羊群（图4.27，5）。

　　经对比研究可知，内蒙发现的车辆岩画与欧亚大陆的某些车辆存在一些相似之处。比如单辕马车，在古代美索不达米亚、印度、阿拉伯、埃及、希腊、迈锡尼、外高加索和北欧的车辆考古中都有发现，类似结构的四轮马车在阿尔

泰的巴泽雷克古墓也出土过。在我国新疆的车辆岩画（见图4.28，1）与蒙古高原出现的车辆岩画也存在较多相似之处。与蒙古高原车辆岩画最相似的还是我国中原地区殷周的车形（见图4.28，2），这里的车辆岩画与殷周墓葬中出土的车形基本一致，也与甲骨文和金文中的车字形象一致（见图4.28，3）。这些车辆岩画形状的相似性，在一定程度上说明了中国的内蒙和新疆地区和欧亚大陆及蒙古高原可能存在着频繁的文化交流，这也为研究中国古车起源提供了新的佐证材料。

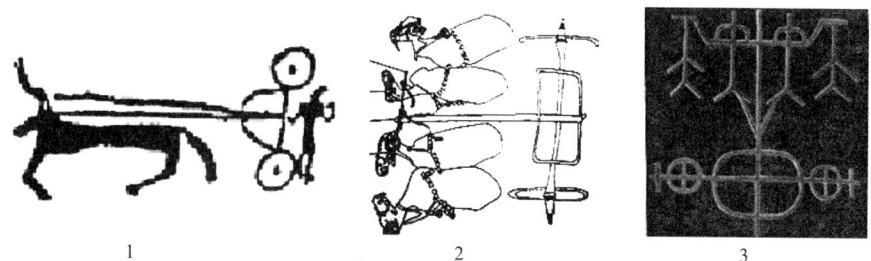

图4.28　新疆的车辆岩画及中原地区殷周的车形和车字形象

图片来源：1：盖山林.蒙古高原青铜时代的车辆岩画［A］.盖山林文集［Z］,哈尔滨：黑龙江教育出版社，1995，74—89；2，3：胡伟峰摄于淄博古车博物馆

4.2.2　商代古车

《史记·夏本纪》记载："陆行乘车，水行乘舟，泥行乘橇，山行乘檋"[124]，可以断定中国最迟在夏禹时期已经有车辆，但是夏代车辆的遗存材料至今也没有发现。中国地区目前考古发掘出的最早车辆是商代古车，共出土60多辆车，均在车马坑中发现，出土地有安阳殷墟以及山东益都苏埠屯等地（参见附录A）。目前发现的商代古车都是独辀车，主要部件为辀、轴、舆、轮、衡以及各种装饰加固件，通常是驾两马，仅在小屯宫殿区殷商晚期的一个车马坑中发现一辆四马驾的车。商代车采用轭靷式系驾法，主要用于战争，也用做交通运输工具，或者为少数贵族陪葬或祭祀用。商代车车辀形状上曲，辀首不卷；车箱大多是方形，左右宽、前后进深浅，但是也有少数车子在长方形的基础上稍有变化；有大型车箱（可以容纳三到四人）和小型车箱（最多只能乘两人）。车门开在箱后，没有发现另外单独安装的车轼（但有些商代车车舆前部已出现车轼设置），也没有发现车盖或车篷，车舆与轴连接处亦没有安装伏兔装置（见图4.29至图4.30）。商代古车装饰件所铸纹饰以兽面纹、夔龙纹、雷纹为主（见图4.31）。商代车成为西周以及春秋战国时期独辀马车设计和制作的样板。

图4.29 安阳郭家庄商代古车
图片来源：胡伟峰摄于安阳

图4.30 河南安阳孝民屯M7号商代古车
图片来源：胡伟峰根据安阳孝民屯M7号车实际尺寸三维数字建模生成

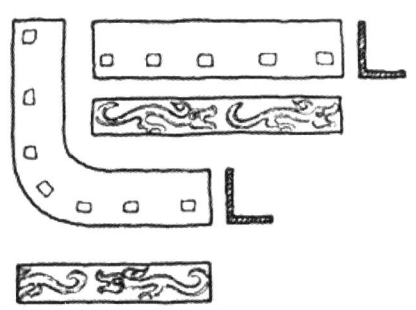

兽面纹覆瓦式轴饰（茹家庄）　　夔龙纹青铜轸饰（茹家庄BRCH3）

图4.31 商代古车纹饰——兽面纹、夔龙纹
图片来源：刘永华. 中国古代车舆马具. 上海：上海辞书出版社，2002

4.2.3 西周古车

西周古车遗存出土较多，出土地点有西安、三门峡、洛阳、北京房山、山西侯马、宝鸡以及山东胶县等地（参见附录A）。西周时期驾四马的大型车辆明显增多，车身构造也更加华丽。西周车整体上基本沿袭商代车的形制结构（见图4.32至图4.33），车輢出现显著的向上弧曲，辀首呈现钩状，盛行曲衡。西周车箱仍以横长方形为主，车箱前部出现圆形拐角，少数车箱平面还呈梯形；车轮高度保持在商代车的水平上，但在车轮内侧出现高出车轮供人扶持的立柱，考虑到了立乘时人的安全舒适问题，无疑比起商代车更进一步。车箱前

图4.32 三门峡虢国墓地2001号陪葬车马坑车马遗存
图片来源：胡伟峰摄于三门峡虢国博物馆

部出现了另装的车轼,高度比车轸高很多,更加符合人机工程学的要求。西周车轮辐增多,用材减少。西周车上还出现了另外一个重要的部件——𫐐,也叫伏兔,伏兔除了平稳车厢、保护轴和舆底轸木的作用外,还具有为古车减震的功用[164](参见图5.13)。除了伏兔之外,位于辀下轴上连结辀与轴的构件,也像一只深伏的兔子,因其处于两伏兔之间,故称当兔,亦有减震功用(参见图5.10)[165]。西周古车和商代古车的另外一个重要区别就是青铜加固件、装饰件明显增多,制作也更加精美。青铜軨饰更加完善,用𫐄、𫐓、𫐐加固车毂也十分流行;铜轴饰、轫饰也得到了更加广泛的应用;车衡上的装饰更加华丽,出现了衡中饰、衡末饰,还出现了几乎纯粹的装饰部件——"鸾铃"(见图4.34),正如《诗·大雅·韩奕》记载:"百两彭彭,八鸾锵锵"[123],高级别车子可用八个鸾铃,行车时锵锵作响,十分壮观。西周初期车軎在商代基础上继续加长,中期以后才逐渐变短,车辖也全部使用青铜铸造而成。西周古车纹饰除了商代车常用的兽面纹、夔龙纹、雷纹外,还出现了蟠螭纹、回纹、卷云纹等纹饰(见图4.35)。西周车辆不仅用于作战,更是体现等级身份的标志物,所以西周时期制定了严格的用车制度,成为其礼乐制度的重要组成部分。

图4.33　三门峡上村岭虢国1727号车马坑4号车复原图

图片来源:胡伟峰利用三维数字软件等比例复原

图4.34　虢国博物馆梁姬墓M2012车马坑出土鸾铃

图片来源:胡伟峰摄于三门峡虢国博物馆

卷云纹错金银衡饰(河南淮阳)

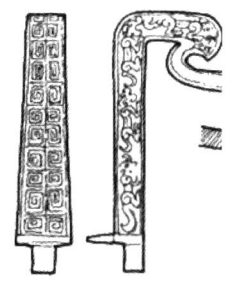

回纹青铜丞饰(山西侯马上马墓地)

图4.35　西周车器纹饰

图片来源:刘永华.中国古代车舆马具.上海:上海辞书出版社,2002

4.2.4 春秋战国古车

春秋战国时期的古车遗存也比较多,出土地点多在河南辉县、洛阳、山东临淄、湖北江陵以及河北邯郸等地,但是由于部分车马坑采用拆车葬的埋葬方式,所以古车遗存比较凌乱(参见附录A)。由于春秋战国时期车战成为战争的主体形式,所以战车的数量大增,许多墓葬都有车马陪葬坑。春秋战国古车比起商周古车又有了一些新的变化。车箱面积比西周时略大,主要是前后进深不断扩大,车箱平面已经由商周时期的横长方形逐渐演变成正方形,甚至是纵向长方形。车箱轼前两个拐角大部分呈圆形,舆底也很少再用硬木板铺设,而是根据用途选用相应材料铺设。车轼高度比起周代车辆有所增加,并开始将舆前封闭。车的舆轸在选材、制作工艺上有明显进步,车轼用整料或者粗藤制成,两头揉弯后插入轸木,前后靠横轵支撑,稳固而结实;四面舆轸则用很细的藤条或木料制成很小的网格状拦板,轵轸间的榫卯、绑扎方式非常科学美观(如图4.36所示)。车上铜器件数量比起西周时期有所减少,用材及结构更加合理。

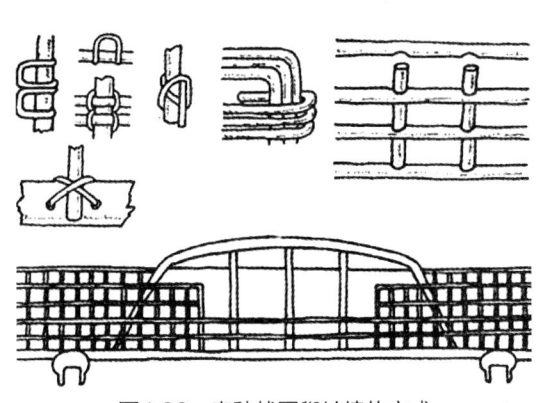

图4.36 春秋战国舆轸编扎方式
图片来源:刘永华.中国古代车舆马具.上海:上海辞书出版社,2002

春秋时期已经出现可以躺卧的安车,战国后期又演化成乘、驭分室的封闭式车箱,如河南新郑后端湾春秋郑国君中字型墓车马坑27号车舆出现了分开前后的围挡(见图4.37),这无疑是车制演变的一个亮点。春秋战国古车轨距呈现逐渐减小趋势,不仅车轴变短,车軎长度亦减短,并出现了用于保护辖尾的辖座。车毂也不再像商周古车那样长,而是有所收缩、变小,这种结构显然比起商周时期更加科学、合理。车衡又重新由曲衡变回直衡,衡上的装饰也大为减少。轭由木材制作而成,只是在轭首和轭钩处加铜饰。车毂的加固则采用在毂上缠裹皮筋然后再涂胶的新技术,而不是像商周时期采用金属毂饰辀、钏、軹来加固(参见图4.4)。战国时期还发明了毂和轴之间的轴承装置——钉和锏,有效地保护了毂和轴,并在两者间涂抹油脂减少摩擦(参见图5.6)。这一时期车轮采用了"轮绠"装辐方法。春秋战国时期车伞盖的使用也普遍起来,而且装饰相当考究、华丽(见图4.38)。在淮阳楚王墓车马坑中还发现了一辆双辕车,这说明

图4.37 河南新郑后端湾春秋郑国君中字型大墓车马坑27号车
图片来源：胡伟峰摄于河南新郑郑王陵博物馆

图4.38 河北平山中山墓2号车马坑2号车复原图
图片来源：刘永华.中国古代车舆马具.上海：上海辞书出版社，2002

车制在这一时期有了重大转变，但是双辕车大量使用还是在西汉中期以后。

4.2.5 秦朝古车

秦代车辆遗存仅在秦始皇兵马俑坑中发现，主要有两辆比例精确的铜马车和一号坑中所葬的木质战车。也许是由于秦朝建制时间过短的原因，秦代车相对于战国车没有本质性的变革，封闭式车箱在秦朝车辆上得到了广泛应用（参见图4.13），秦代车还出现了既可以搭手臂又能挡住地上所溅起泥土的车耳。秦代车装饰华丽、考究，展示了高超的彩绘技艺，如秦始皇陵铜车上就彩绘有菱形纹、卷云纹、几何纹、环带纹、锯齿纹、夔龙夔凤纹、云气纹等，彩绘颜色多用红、黄、绿、白、黑和紫色等（见图4.39）。

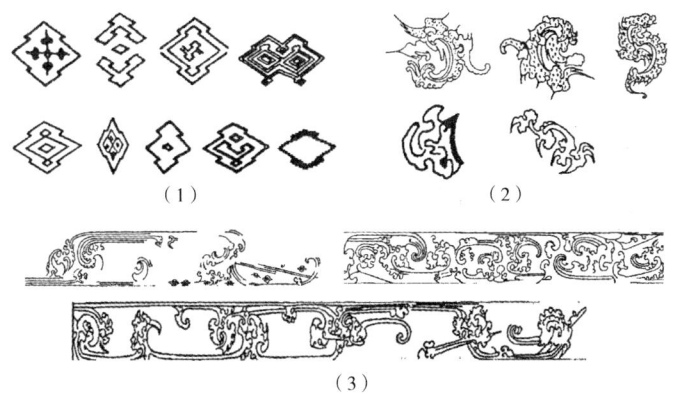

图4.39 秦始皇陵铜车上的纹饰：1.菱形纹 2.夔龙夔凤纹 3.云气纹
图片来源：胡伟峰根据西安秦始皇2号铜车纹饰自绘

4.3 商至秦古车的类型分析

中国古车有不同的分类方法。按照车身结构可以分为独辀车和双辕车,甚至还有三辕车甚至多辕车;按照驱动动力可以分为人力车、畜力车等;按照用途可以分为乘用车、战车、运输车等。这里笔者将主要按照用途进行分类阐述,中间穿插介绍车辆的形制结构和动力类型。

4.3.1 乘用车——坐乘和立乘

乘用车用来供人乘坐,强调便捷舒适且能够体现乘车人的身份地位。乘用车根据不同的需要,采用不同的乘驾方式,据文献记载主要有坐乘和立乘两种。立乘的高车四周敞开,车舆较低,乘车人视野比较开阔,但由于立乘时人重心较高且缺乏扶凭的部件,所以比较容易引起乘车人的疲劳,且乘车人在车子快速行驶的过程中有从车子上掉下来的危险(见图4.40)[166]。《史记·齐太公世家》记载:"齐襄公十二年,冬十二月,……公怒,射之,豕人立而啼。公惧,坠车伤足,失履"[124]。可见立乘的乘驾方式有其明显的弊端。后来车轵逐渐增高到周围车轮一倍的高度,便于御手和立乘者倚靠,更加符合人机工程学的要求,如秦始皇1号铜车(见图4.41)。

安车的乘坐方式是坐乘或者躺卧,相对于立乘方式更加舒适。《释名·释车》曰:"安车,盖卑,坐乘,今吏所乘小车也"[151]。瞿兑之著《汉代风俗制度史》解释为:"凡车皆立乘,其坐乘者谓之安车。安车则以蒲裹轮"[167]。安车车箱一般都有盖和帷幕,相对封闭,甚至出现像秦始皇二号铜车的全封闭式

图4.40 不符合力学要求的立乘
图片来源:黄文新.先秦马车乘坐方式及乘员.
江汉考古,2007

图4.41 车轮加高厚的立乘之车
图片来源:胡伟峰摄于西安秦始皇兵马俑博物馆

车箱，这种车箱可以避免外界的风吹雨淋，人为控制车箱内部温度，故也称辒辌车或者温车（参见图4.13）。安车车轮往往用软材料（譬如蒲叶）绑缚，这样在行驶过程中可尽量避免由于地面砂石所引起的颠簸。《史记·李斯列传》记载："置始皇居辒辌车中，百官奏事上食如故，宦者辄从辒辌车中可诸奏事"[168]。可知汉代以前辒辌车是比较大型的封闭式安车，乘车人可以在车中饮食起居，办理日常事务。这种车到了汉代逐渐发生了变化，成了专门用于运尸体的丧车。《汉书·霍光金日传》曰："载光尸柩以辒辌车。"颜师古注："辒辌车本安车也，可以卧息。后因载丧，饰以柳翣，故遂为丧车耳"[169]。

古人乘车有诸多仪礼规章制度，力求在用车过程中体现尊卑等级。先秦时期乘车尚左，尊者居左，御者居中，又有一人处车之右，是以戎车则称车右，其余则称骖乘。周时贵族乘车，一般是男人立乘，妇人不立乘。行车途中，"道逆者，自车揖之；逆于门者，颔之而已"[137]（《左传·襄公二十六年》）。同时，行车途中遇人要凭轼敬礼，以示对他人尊敬。殷周时期国君及大贵族乘车有乘石以方便登车。《诗·小雅·白华》云："有扁斯石，履之卑兮"[123]。昔者"周公践东宫，履乘石，摄天子之位"[135]（《淮南子·齐俗训》），可见当时贵族登石乘车已是一种普遍的礼俗。

4.3.2 战车——五戎

战车和车兵能快速移动且有较强的冲击力，相对步兵有其突出优势。《尚书·甘誓》记载："左不攻于左，汝不恭命；右不攻于右，汝不恭命；御非其马之正，汝不恭命"[139]。可知夏朝就已经出现了三人乘坐的战车，商周时期的车战规模还很有限。《吕氏春秋·简选》曰："殷汤良车七十乘，必死六千人……"[170]殷为夏属国，尚有战车七十乘，据此可知道夏代的车战已初具规模。到了春秋战国时期车战规模迅速扩大，车战规模少则六百乘，多至千乘的比比皆是。

战车形制和乘用车基本一致，商至秦战车基本上都是独辀车，至少驾两马。战车既要能够打击敌人还必须要能够保护车上的士兵免受敌人武器的袭击，所以战车相对于普通乘用车需进行一些特殊的改装。譬如在车上加装盾牌以增加车轸高度，从而有效地保护车内士兵安全（安阳殷墟和陕西宝鸡曾发现过商、西周时期盾牌的遗迹[171,172]）。为了加大稳定性及保护舆侧不被敌车逼近，战车车毂一般远比民用车的车毂长（如西庵出土的西周战车）。某些战车还装有横刃式軎饰，即軎的外端另生一圭头形横刃，强固而锋利，可以做杀敌之用，类似的还有矛式和桎式衡末饰（见图4.42）。随着车战规模日益扩大，战车也越来越专门化。如山西侯马墓地3号车马坑出土的一辆战车,车箱四面都用木板围裹,车门处也用铜活页夹住门板,这样的战车更加坚固,对士兵的保护作用更强(见图4.43)。更有甚者,河南淮阳马鞍冢2号车马坑出土的一辆战车,车舆两旁和车门两侧,上下排列了三四层铜甲板,把战车装备得像装甲车(见图4.44)。

最高级别的战车是"王之五路"中的"革路"车。革路车之下有广车、阙车、苹车、轻车,古时称五戎。革路车是帝王在战争中乘坐的车,太原晋国赵卿墓车马坑出土过一辆革路车,被描述为"用材肥硕,车身宽敞,车毂有深篆并经胶筋加固,轵前有设置金鼓的立柱,舆后有建旐(帅旗)的旗座,具备了作为指挥车的条件"[46]。广车,"横陈之车也"[129](《周礼·春官·巾车》郑玄注),是一种车厢左右宽、进深浅、防御多用的大车,通常随军医用装载伤病人员等。阙车,"所用补阙之车也"[129](《周礼·春官·巾车》郑玄注),阙车应当是用于弥补防御缺口的战车。苹车,"屏也,所用对敌自蔽隐之车也"[129](《周礼·春官·巾车》郑玄注),这种车由于装备了板甲,自身重量增大,不太适合于快速作战,主要作为屏障用。苹车有时候又被称为革车,可能是板甲材质采用皮革。轻车,"所用驰敌致师之车也"[129](《周礼·春官·巾车》郑玄

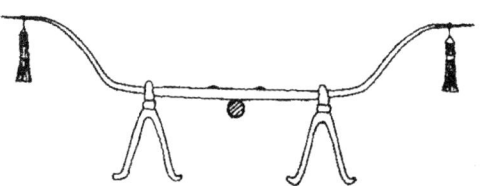

图4.42 张家坡第2号墓第2号车仰弓式车衡及矛式衡末饰复原图

图片来源:郭宝钧.殷周车器研究.北京:文物出版社,1998

图4.43 山西侯马墓地3号车马坑2号车复原图

图4.44 河南淮阳马鞍冢2号车马坑4号车复原图

图片来源:刘永华.中国古代车舆马具.上海:上海辞书出版社,2002

注），轻车用于攻击，其最大的特点在于轻便、速度快、机动性高，适合于战场作战，数量比较多。

然而战车也有其自身的显著缺点，譬如对作战地理环境要求很高。公元前541年，大原之战中晋将魏舒考虑到地理环境复杂，不利于车战，就果断放弃战车，改用步兵编制，致使步兵取代车兵形成一个独立的兵种。又公元前307年赵武灵王实行"胡服骑射"，作战部队逐渐以骑兵为主。从此以后，车兵逐渐被步兵和骑兵取代，战车也失去了往日的地位。

4.3.3 运输车——大车

运输车通常被称为"大车"，一般具有以下特征：车箱大以便装更多的货物，车箱由常见、成本低廉的材料（譬如竹竿、木材等）制成；装饰很朴素，除了必要起金属加固作用的车马器，很少有装饰件，表面很少髹漆更没有彩绘；车况较差且比较脏，多数使用牛来作为动力，不能走贵族专用的行车道路[173]。正如《诗·小雅·无将大车》所记载："无将大车，祇自尘兮"；"无将大车，维尘冥冥"；"无将大车，维尘雍兮"[123] 由于牛拉大车没法与轻灵而贵重的马车相媲美，所以贵族们是不屑乘坐大车的。但是这并不排除平民及奴隶乘坐大车。先秦时期的运输车一般都是独辀车，如山东临淄淄河店2号墓出土的11号车就是一辆典型的运输车（见图4.45）。汉代较为流行的双辕牛车，因其速度慢一般用来运载货物（见图4.46）。《汉书·田延年传》记载："初，大司农取民牛车三万辆为僦，载沙便桥下，送至方上，车直千钱"[169]，意思是说大司农田延年征调牛车三万运送沙，修建帝王墓，并从中牟取暴利，表明了牛车就是当时的民间运输工具。

图4.45 临淄淄河店2号墓出土11号车
图片来源：刘永华.中国古代车舆马具.
上海：上海辞书出版社，2002

图4.46 汉代牛车模型
图片来源：胡伟峰摄于淄博古车博物馆

4.4 商至秦古车的演进逻辑

4.4.1 技术的演进逻辑

技术作为人类通过实践而获得的经验、技巧和技能,对于人工物的产生和演进都有直接的推动作用。制轮、木材加工、金属加工以及马匹驯养技术的成熟和完善是商至秦独辀马车产生和演进基本因素。轮的制造是车辆诞生和演进的前提,制轮技术将滑动摩擦转变为车轮对地面的滚动摩擦,大大减小了摩擦力,节省了人力、畜力。《后汉书·舆服志》云:"上古圣人,见转蓬始知为轮"[174]。受到转蓬、圆木滚动等自然现象的启发,古人尝试将圆木垫于重物下,以滚动方式运输,譬如"圆木移熊"(见图4.47)。后来演变成用一根木轴把两个没有辐条的圆木连在一起,使之滚动搬运物品,这种没有轮辐的圆木称"辁"(见图4.48),这种原始的木饼车轮直到近代民间用车上还可以见到。相传夏后时,奚仲创造了有辐车轮,辐式轮的出现是人类交通工具史上继轮之后的又一重大技术革新。春秋战国时期车轮的制作和检验技术已经达到了很高的水平,据《考工记》记载该时期已有专门制轮的"轮人",并运用"规(圆规)、萭(正轮之器)、县(悬绳)、权(等臂杠杆)"四种器具和"水、黍"两种自然物,对轮子质量进行表观和定量检验(见图4.49)。制轮技术的不断发展和进步带动了车辆的更新换代,直到现代钢丝辐条和充气式轮胎的诞生,彻底颠覆了有三千年应用历史的木轮,催生了先进的现代汽车产业。

商至秦古车中绝大部分是木质部件,木材加工技术对车辆形制及结构演进有着十分重要的影响。据文献记载,上古时期人们已经可以运用揉木工具对木材进行曲直形状加工,如《韩非子·显学》曰:"自直之箭,自圆之木,百世无

图4.47 古人圆木移熊模型
图片来源:胡伟峰摄于淄博古车博物馆

图4.48 无辐圆木——辁模型

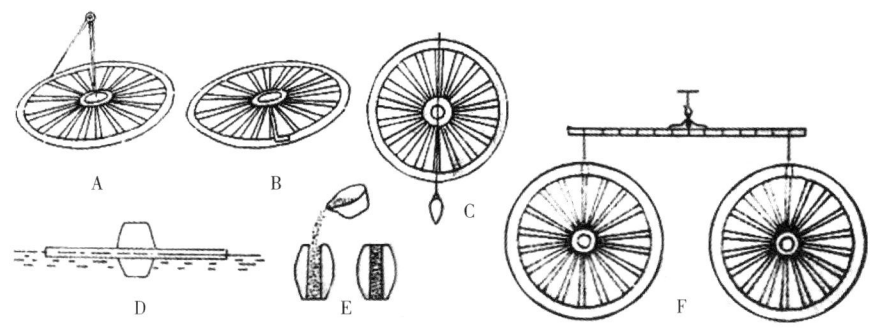

图4.49 轮之检验六法
图片来源：胡伟峰摄于淄博古车博物馆

有一，然而世皆乘射禽者，何也?檃栝之道用也"[143]。《荀子·性恶》云："故，枸木必将待檃栝蒸、矫，然后直[127]。"春秋战国时期的细木加工工艺更加成熟和完善，仅榫卯连接工艺就已经发展出3大类14小类的榫接形式，详见3.2.2。木材加工技术的逐步成熟与完善对于商至秦古独辀马车的演进有至关重要的推动作用。

金属加工技术对于古车的影响首先表现在金属工具上，金属工具（如刀、凿、锌等）的出现与应用使得木料的细木加工、拼接技术发展较快，这对古车的轮、舆、辀、衡、轴、盖等关键部件的曲、直、方、圆等诸形构造加工提供了技术基础。其次，商至秦独辀马车虽然主要是木质部件，但是一些受力集中、磨损严重的部件（如车毂、车辖等）则必须使用金属件进行加固，金属加工技术水平直接决定了古车金属加固件的质量及古车的使用寿命。车辖是古车中关键部件，商代车辖多用木材制作，金属车辖很少见，为了增加其使用寿命，西周中期以后普遍使用金属铜制作车辖。到了战国后期，随着生铁技术的成熟与完善，该时期车辖多用铁制，只有少数用铜制[38]。商代古车上只有害、轭、衡、踵、辖等少量部件利用金属加固和装饰，而到了周代古车上的金属件大量增加，如青铜轸饰更加完善，用辖、钏、軧加固车毂也十分流行，铜轴饰、軏饰应用也十分广泛，这种变化不仅是因为"周人尚礼"——用金属装饰件体现等级尊卑，还是金属加工技术进步的结果。春秋战国以来，随着生铁技术的逐步完善，古车上铁质零部件逐渐增多，譬如轴、毂之间的原始轴承装置——釭、锏，就是用具有高耐磨性和较小摩擦阻力的灰口铸铁制成，既能起到防护作用，还利于运转，大大延长了车轮的使用周期。

4.4.2 动力的演进逻辑

动力是人类实现"引重致远"意图的根本因素。远古时代人们从事狩猎、

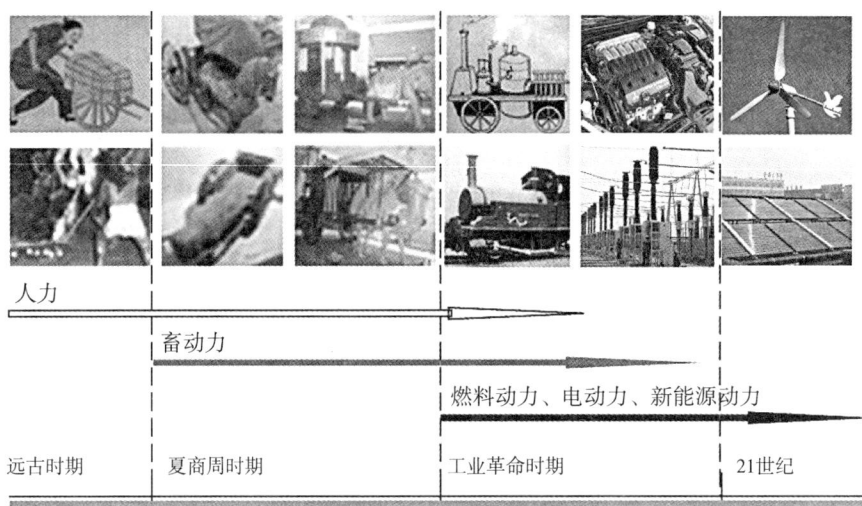

图4.50　车辆动力演进示意图

采集、迁徙等活动，基本是依靠人的体力，采用手提、肩挑、头顶、背扛等原始的交通运输方式。这种用人类自身的体力作为动力的方式一直持续了很长时间，即便人类学会了使用其他动力后，仍保留了人力驱使的交通运输方式。后来人类逐渐学会了借助牛、马、驴、骡、骆驼、大象等动物的生物能来作为动力，供人类乘骑和驾驭，这无疑是一个巨大的进步。畜动力在车辆上的成功应用是古车发展与流行的一个基本要素。马是古车最常用、最优秀的畜动力，"中国北方是早期驯养马的中心之一……至迟在新石器时代，中国人已很容易地支配、驯化马，进而到驯养了马，并为人类提供了饮食之源"[175]。我国大约从夏代后期开始驯养野生马，至商代早、中期时驯养技术已很成熟，到商代晚期已能大量繁殖和使用马为人类服务了。畜动力对于古车形制及其结构的演进有着直接的影响，商周时期的车辆往往采用两匹、四匹、六匹甚至八匹马作为驱动力，车辆大都是独辀结构；而到了汉朝，马匹供应紧缺，为了节省马匹，大量使用仅需一匹马驱使的双辕车，极大地促进了双辕车的普及。除了畜力，人类还学会了利用水力、风力等自然能作为动力，譬如利用风力的帆船。18世纪末蒸汽机车的诞生，彻底改变了人类利用畜力等原始动力的状况，开创了交通运输的新篇章。进入21世纪后，人类积极探索利用更加环保的新能源动力（图4.50）。

4.4.3　古车设计与使用中人的逻辑关系

对于商至秦古独辀马车使用者、生产者、设计者的研究，有助于进一步廓清古车发展演进中人的逻辑关系，为下文古车设计思想离析工作奠定基础。

商至秦时期，乘用车不论物质或精神上都是高贵的奢侈品，其使用者大多为皇室成员或有一定社会地位的贵族官僚，如帝王专用的"辂车"以及贵族官僚所乘坐的"服车"等。《尚书大传》曰："古者诸侯之于天子，有功者，天子赐以车服弓矢"[176]。《左传·襄公九年》亦云："宾以特牲，器用不作，车服从给，行之期年，国乃有节"[137]。从这些古籍记载可知，商至秦时期乘用车的分配由政府统一管理，并有着严格的使用制度。

战车的使用者无疑是打仗的将士。战车在行军作战时，常常是尊者居中，御者居左。"古代军制：天子、诸侯亲为元帅，或其他人为元帅，立于兵车之中，在鼓之下。若非元帅，则御者在中，本人在左"[177]。

运输车的使用者主要是平民百姓和奴隶，主要用来满足日常生产、生活的交通运输需求。

商至秦时期政府部门往往设立专管宫室、车服、器械营造的机构，负责生产制造的人包括"督造者""工师"以及"造者"。"督造者"是政府配备的各级管理人员，是代表中央督造器具的行政官员，其主要职责是监督器物的生产制造，检验所造器物是否符合设计标准和质量要求。"工师"是器物的设计者和具体工艺的制定者，集技术与管理于一身，是"工官之长"，审核库藏原料、监督百工制作、检验产品质量并主要负责技术工艺等，解决设计中的技术问题。"造者"简单说就是掌握了一定生产技能和某项专业技术，负责器物具体加工制造的百工，是器具的直接生产者，详见6.1.4。

《周礼·考工记》曰："知者创物，巧者述职，守之世，谓之工。百工之事，皆圣人之作也。烁金以为刃，凝土以为器，作车以行陆，作舟以行水，此皆圣人之所作也"[121]。可知中国古车的设计者就是所谓的"圣人"或者叫"知者"。关于"圣人"，《抱朴子·辨问篇》的解释为"圣人，人所尤长，众所不及者为圣"[178]，认为圣人是"众所不及"的首创者、设计者。关于器物的原创者亚里士多德等古希腊哲学家认为是由神开展的，"亚里士多德是把自然或者神看做一个艺术家，把任何事物的形成都看作艺术创作"[179]。两者似乎存在某种相似之处。具体是哪个"圣人"发明了古车呢？古籍记载最多的两个人是奚仲和黄帝。《墨子·非儒篇》曰："奚仲作车"[131]；《荀子·解蔽篇》曰："奚仲作车，乘杜作乘马"[127]；《管子·形势篇》曰："奚仲之为车器也"[130]；《吕氏春秋·君守篇》曰："奚仲作车"[170]；《左传·定公元年》曰："薛之皇祖奚仲居薛，以为夏车正"[137]等这些古文献均认为是夏朝的奚仲发明了古车。《释名》曰："黄帝造车，故号轩辕氏"[151]；《古史考》曰："黄帝造车"[120]；黄帝造车这种说法出现比较晚，但也有一定的影响力。虽然根据古籍记载中国古车乃是圣人所创，然而笔者认为车辆这种复杂的机械很难由一两个人在短时间内发明出来，是千百年来无数的能工巧匠们不断针对问题而改进的结果，"圣人"也许只是在这个过程中发挥了比较重要的作用而已。

第5章 制器范式
——商至秦独辀马车设计与制造

英国著名考古学家柴尔德（Vere Gordon，Childe 1892—1957）在《远古文化史》中提到："（器物设计制造）为我们社会遗产之一部分，为积累了许多世代的传统之结果，是借语言和文字来遗传"[180]。中国古车作为典型的人工器物，其物理结构的实现是人类有意识地对原材料进行加工，改变材料形态或性质的过程。千百年来经过无数次的实践、评估和针对问题的改进，中国古车在形制、结构、材料工艺、装饰等方面形成了一些固定的形态模式、结构原理、制作方法原则，这些模式原理、方法原则是古代圣人和造车匠人集体智慧的集中体现，饱含了大量的器物时代特征和民族风格文脉信息，对现代设计亦有十分重要的启发意义，值得现代研究人员去挖掘和学习。基于前文商至秦古独辀马车典型案例研究基础上，本章重点从形制、结构、材料工艺、装饰等层面归纳总结商至秦独辀马车设计与制作中所体现出来的设计方法和制作原理。

5.1 商至秦独辀马车形制

恩格斯在《反杜林论》中指出："和数的概念一样，形的概念也完全是从外部世界得来的，而不是头脑中由纯粹的思维产生出来的。必须先存在具有一定形状的物体，把这些形状加以比较，然后才能构成形的概念"[181]。可见，人类对物体形态的认知是基于无数形态在人脑中的信息叠加，人类对器物形态的解读和选择过程又受到人类社会文化、价值观念等因素制约。

形制是古代器物研究的重要内容，笔者主要从造型、尺寸、比例关系等入手考察商至秦独辀马车的形制特征。

5.1.1 商至秦独辀马车的形制设计

商至秦独辀马车主要造型部件包括车箱、车盖、车辀、车衡、车轮等，整体尺寸随着车辆种类及用途不同而变化甚大。车箱造型绝大多数是方形（有些是带圆拐角的方形），也有极少数圆形车箱（见图5.1）。乘用车车箱大多由粗细不等的木条构成，其连接方式有榫卯、编织等，也有少数用木板制成。立乘之车车盖外形酷似雨伞，正圆形，安车车盖形状逐渐由正圆形演变为纵向稍长的近椭圆形，并和车辀结合在一起形成了舒适的封闭车箱。

商至秦独辀马车基本上是曲辀车，从侧面看，辀是前高、下曲、后平，像船舟之底，故以"辀"名之。关于曲辀和直辕的优劣对比，

图5.1　洛阳天子驾六车马坑西5号车圆形车舆
图片来源：胡伟峰摄于洛阳天子驾六博物馆

《考工记》做了明确的论述："凡揉辀，欲其孙而无弧深。今夫大车之辕挚，其登又难；既克其登，其覆车也必易。此无故，惟辕直且无桡也。是故大车平地既节轩挚之任，及其登阤，不伏其辕，必缢其牛。此无故，唯辕直且无桡也。故登阤者，倍任者也，犹能以登，及其下阤也。不援其邸，必緧其牛后。此无故，唯辕直且无桡也，是故辀欲颀典。辀深则折，浅则负"[121]。意思是说，车子在上坡（下坡）时曲辀能有效地保持重心力的平衡，辀首弯曲上昂，马的受力点在颈首及胸前，牵引力的分散使马车在上下坡时相应地分散了各自的附加分力，使其局部受力减轻，所以曲辀马车上下坡时比直辕牛车要稳定安全得多，省力得多，不会造成"缢其牛""緧其牛后"以及"覆车"等事故。如图5.2所示为曲辀马车上坡时的情景，F_1为马颈轭首支点处的拉力，F_2为辀鞧靷绳作用于辀轴上的拉力，M为靷绳与车辀的交汇点。上坡时车舆的重心发生了倾移（平地上行驶时车舆的重心通过轮子中心O点与地面垂直），车舆的重力亦分解为垂直于路面的分力$W_{\cos\alpha}$及平行于路面的分力$W_{\sin\alpha}$，其中只有$W_{\sin\alpha}$是使车舆以O点为中心向后倾覆和使车辀上仰的力矩，而它却被F_2处的靷绳（胸式系驾法上是鞅绳）给予的牵引力抵消了，这种分散的牵引力相应地降低了马在上坡时的拉力强度[54]。直辕牛车的牛轭处的牵引力部分地被车厢重力分力所抵消，所以要"倍任"才能登坡。辀的曲度也要深浅适中，这样车在行驶中不但快速平稳、安全可靠，而且有利于调节车与人、

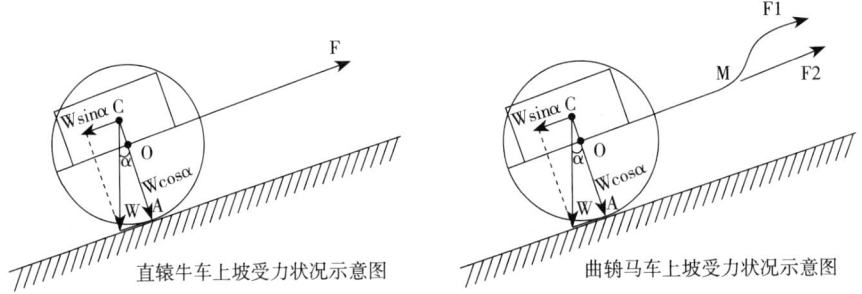

直辕牛车上坡受力状况示意图　　　　曲辀马车上坡受力状况示意图

图5.2　直辕牛车和曲辀马车上坡时受力状况比较示意图

马的关系，达到"进则与马谋，退则与人谋"[121]的目的。曲辀相对于直辕显然有很大的进步，说明古车造型及其演进主要是由其使用功能决定的。

商至秦独辀马车车轴是一条长木杠，因为轴要承载车箱重量，所以其中段粗壮，微扁，截面为上下径短的椭圆，以使之能承轸有力。又因轴须持轮运转，所以其两端须略细以便于贯毂，截面应浑圆以利于轮之转动。可见，轴的形制也是由其用途决定。

商至秦独辀马车车毂的形状呈圆形，像一个削去了尖的枣核，"毂小而长则柞，大而短则挚"[121]意思是说车毂小而长则辐条间的距离就太狭窄了；轮毂大而短则辐条就不牢固。辐条的宽度和入毂深度决定着辐条安装的稳固程度，而车毂的大小以及辐条的宽度又决定着辐条之间的间隙和毂的坚固性，基于此车辐造型在近牙处的剖面近乎圆形，而在近毂处的剖面形状逐渐变为椭圆形，厚度变薄，宽度增加，并且逐渐弯曲，近毂处辐的厚度变薄可以防止毂上开凿过多而导致毂强度降低，颇具科学性（见图5.3）。牙一般由几段木条拼接而成，接头处还往往带有铜枒饰。通常把牙接地的一面做成凸鼓形，这样可以减少轮与地面的接触面积利于行驶，雨天行驶时不会沾起太多的泥水，还可以降低磨损率，延长车轮使用寿命。针对不同的行驶环境，轮牙的形制须做相应的调整，正如《考工记》所记载："凡为轮，行泽者欲杼，行山者欲侔。杼以行泽，则是刀以割涂也，是故涂不附。侔以行山，则是抟以行石也"[121]。即在泥泞的沼泽地行驶的车辆配备具有切割作用的薄型轮牙；在布满沙石的山地行驶的车辆配备厚轮牙（见图5.4）。

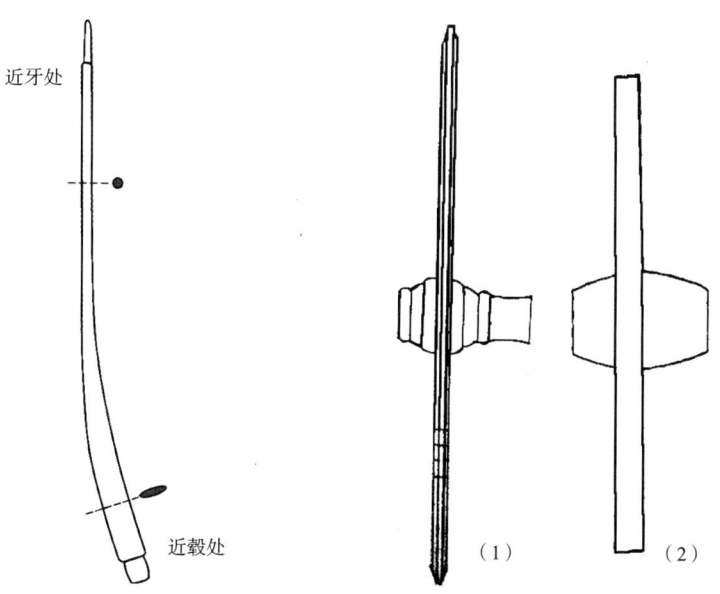

图5.3　车辐形制示意图　　图5.4　轮牙示意图：（1）行泽地　（2）行山地

商至秦独辀马车部件之间的尺寸关系多数采用模数制。譬如，车舆部分模数制的应用，《考工记》云："舆人为车，轮崇，车广，衡长，参如一，谓之参称，参分车广，去一以为隧；参分其隧，一在前，二在后，以揉其式；以其广之半，为之式崇，以其隧之半，为之较崇；六分其广，以一为之轸围；参分轸围，去一以为式围；参分式围，去一以为较围；参分较围，去一以为轵围；参分轵围，去一以为轛围"[121]。意思是说，舆人制作车箱时所遵从的"模数"标准为：车轮的高度、车箱的宽度、车衡的长度，三者相等，称为叁称；以车箱宽度的三分之二作为车箱之长；将车箱长度三等分，三分之一在前，三分之二在后，在这个位置安装车轼；以车箱宽度的二分之一作为轼的高度，以车箱长度的二分之一作为较的高度；以车箱宽度的六分之一作为轸的周长；以轸的周长的三分之二作为轼的周长；以轼的周长的三分之二作为较的周长；以较的周长的三分之二作为轵的周长；以轵的周长的三分之二作为轛的周长。"舆人为舆"的主要部件参数尺寸及参数方程为：

轮崇A＝车广G＝衡长H＝A，$L_A=L_G=L_H=A$

隧I＝2/3车广，$L_I=2/3G=2/3A$

轼崇J＝1/2车广，$L_J=1/2A$

较崇K＝1/2隧，$L_K=1/2I=1/2 \times 2/3A=1/3A$

轸围L＝1/6车广，$L_L=1/6G=1/6A$

式围M＝2/3轸围，$L_M=2/3L=2/3 \times 1/6G=1/9G=1/9A$

较围N＝2/3式围，$L_N=2/3M=2/3 \times 2/3L=2/3 \times 1/9A=2/27A$

轵围O＝2/3较围，$L_O=2/3N=2/3 \times 2/27A=4/81A$

轛围P＝2/3轵围，$L_P=2/3O=2/3 \times 4/81A=8/243A$

再如，车辀部分的模数制应用，《考工记》云："辀人为辀，……轨前十尺，而策半之。凡任木，任正者，十分其辀之长，以其一为之围。衡任者，五分其长，以其一为之围，小于度谓之无任，五分其轸间，以其一为之轴围，十分其辀之长，以其一为之当兔之围，参分其兔围，去一以为颈围，五分其颈围，去一以为踵围"[121]。意思是说，辀在轨前的长度为十尺，马鞭的长度为它的一半。凡车上用以受力载荷的木材，车箱下承受重压的，以辀长的十分之一作为其周长。两軏之间的衡，以它的长度的五分之一作为周长。小于这个标准，就不能胜任负载。以两轸之间距离的五分之一作为轴的周长。以辀长的十分之一作为当兔的周长，以当兔周长的三分之二作为辀颈的周长，以辀颈周长的五分之四作为辀踵的周长。"辀人为辀"以辀长为固定参数，然后按不同的参数方程确定各部件的尺寸长度：

设辀长为$A_{辀}$,则,$L_{A辀}=A_{辀}$;轸间距离为$A_{轸间}$,$L_{A轸间}=A_{轸间}$

任木、任正周长$Q\geqslant 1/10\times$辀长;$L_Q\geqslant 1/10\times A_{辀}$

衡任$R\geqslant 1/5\times$辀长;$L_R\geqslant 1/5\times A_{辀}$

轴周长$S=1/5\times$轸间距离;$L_S=1/5\times A_{轸间}$

当兔周长$T=1/10\times$辀长;$L_T=1/10\times A_{辀}$

辀颈$U=1/15\times$辀长;$L_U=1/15\times A_{辀}$

轴踵$V=4/75\times$辀长,$L_V=4/75\times A_{辀}$

商至秦独辀马车的部件模数制充分考虑了人的尺寸因素,根据乘车人的身高来确定轮的直径,再以轮径为设计模数基准进一步推导出车箱、车广以及衡长等尺寸比例关系。正如《考工记》所载:"轮已崇,则人不能登也;轮已庳,则于马终古登阤也。……人长八尺,登下以为节"[121]。

5.1.2 商至秦独辀马车的形制设计特征

基于上述商至秦独辀马车形制特征剖析,可归纳出其形制设计所体现出来的一般设计经验、原则如下:形式追随功能;器以载道;标准化设计原则。

功能和形式是器物设计制造中两个至关重要的属性,商至秦独辀马车的"形式追随功能"思想主要体现在以下几个方面:商至秦独辀马车部件造型大多是功能约束下的一种实现方式,"追求更好地实现其使用功能"是古车部件造型演进的根本原因。如上文所提及的车辀、轴、轮辐、牙、毂等的造型,均是为了更好地实现使用功能,其他美学、甚至宗教信仰等因素均要服从于"致用"的原则。从设计效能层面来解析古代器物设计行为,其背后的驱动力是"基于具体特定的情境,力求获得形式和功能相结合的定性解"。器物形式和功能的完美结合才能发挥特定情境下的器物最大效能,古代的造车工匠对于设计中形式和功能的关系处理过程中始终以"发挥器物最大效能"为最终目标。商至秦独辀马车形制设计都是以满足人类需求为最终目标,体现出了以人为中心的设计思想。人类全部活动的目的是追求自身的生存与发展,人类创造车辆的核心意图是满足自身的生存与发展需求,因此车辆是否"满足人类需求"是车辆设计的成败关键。从设计行为和过程分析,设计师首先要对器物的使用者进行全方位的调研分析,掌握典型用户的需求信息,进而将用户需求信息转化为器物的造型、结构、装饰等物理结构;用户通过器物使用过程体验器物设计是否符合人类的安全、舒适的生理需求和审美满足。

"器以载道"是指商至秦独辀马车形制在满足使用功能的前提下,进一步和人的自然崇拜、思想意识形态建立联系,对造型进行赋义。如古车车箱、车盖的造型,《考工记》记载为:"轸之方也,以象地也。盖之圜也,以象天也"[121]。将车盖和车箱的造型和"天圆地方"的概念相类比,使人造之"车"符合古人天地宇宙观,体现出了一种神秘的自然宇宙崇拜思想,也是古代"天人合一"思想的重要体现。商至秦独辀马车形制设计还深受礼制影响,体现出"藏礼以器"的造物思想,车辆造型、尺寸都是体现乘车人等级尊卑的一个重要方面。

"标准化设计原则"是指商至秦独辀马车部件尺寸关系体现出的原始数理化设计思想和方法。标准化设计方法是指在设计过程中,遵循技术活动的共同准则,使生产部门之间互相提供的产品符合各自的技术要求,把各个生产环节乃至整个社会相应的动作协调起来,把人们创造的成功经验加以肯定和推广,使复杂的技术设计工作系统化、规范化、简单化。譬如上文提及的车辀、车舆、车轮的模数化设计,大大加快了古车设计制造的速度,保证了古车设计制造质量。

5.2 商至秦独辀马车结构

世界上任何事物都存在着结构,结构具有多样性且决定着事物存在的本质。商至秦独辀马车零部件繁多,部件之间的连接搭配复杂巧妙,充分体现了古代能工巧匠的造物智慧。笔者将结合实物遗存材料和古籍文献分析商至秦独辀马车的结构设计,归纳和总结其结构设计所体现出来的设计方法、经验和原则。

5.2.1 商至秦独辀马车结构设计

商至秦独辀马车车轮由毂、辐、牙三个部件组成,毂和牙通过辐连接起来。中国古车在行进当中,轴是固定不动的,轮和毂却要不停地转动。毂既承受车箱的重量,又受到车辐转动时的支撑张力,还要抵抗车轴的转动摩擦,是一个受力很重的部件。毂中间凿洞以贯穿车轴,为防止毂与轴行驶当中脱离,在轴通过毂以后露出的末端套上軎饰以固轴阻毂,并在軎的内端开有键孔,贯孔装辖(见图5.5)。毂与轴的连接结构设计首先要解决如何减少两者之间的摩擦以"利转"的问题,战国以前的古车多数用铜𬭚、𨩚、𨨏从外部对毂加固,在一定程度上保护了毂,但是这种加固装置并不能解决毂轴之间的摩擦损伤问题。战国以后开始注意从内部对毂进行加

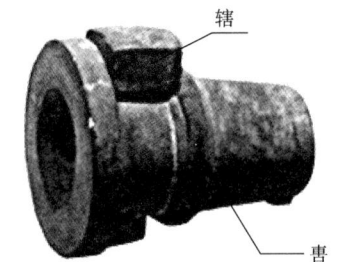

图5.5 辖、軎装配示意图(战国,出土于湖北江陵天星观M1出土)

图片来源:胡伟峰摄于山东淄博古车博物馆

固,即在毂中装铁制的钉。《说文解字》曰:"钉,车毂中铁也"[109],可见钉多以铁制。在用钉加固车毂的同时,轴上也开始装锏,以减轻铁钉中的木轴的磨损。《释名》曰:"锏,间也,间钉、轴之间使不相摩也"[151]。钉、锏所用材料多是具有较高耐磨性和较小摩擦阻力的灰口铸铁,所以既能起到防护作用而且还利于运转。除此之外,还在光滑的钉、锏中施用油膏润滑,行车时更为轻快,正如《诗·何人斯》所云:"尔之亟行,遑脂尔车"[123],《吴子·治兵篇》也有记载曰:"膏锏有余,则车轻人"[182]。钉、锏共同构成了古车轮上原始轴承装置,很好地满足了古车轮运转的功能需求并延长了毂、轴的使用寿命(见图5.6)。

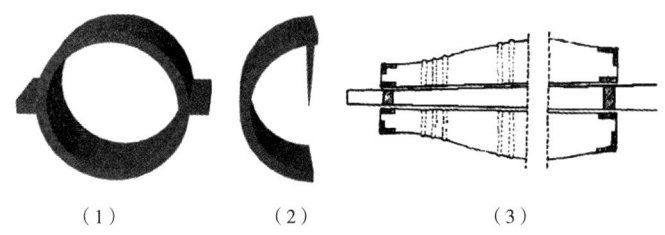

(1)　　　　　(2)　　　　　(3)

图5.6　钉、锏及其装配示意图

毂的长短决定了毂、轴之间的接触面积大小,从而对车辆的稳定性、灵活性以及行驶速度产生影响。《考工记》曰:"短毂则利,长毂则安"[121]。意思是说,短毂的车轮轴和毂的接触摩擦面积小,车轮转动时阻力小,车速快、灵活。长毂的车轮轴和毂的接触摩擦面积大,车轮转动时阻力也大,行驶速度慢,不灵活,但是长毂车轮要比短毂车轮摆动幅度小,长毂有助于减震、增加车的稳定性。《考工记》曰:"行泽者欲短毂,行山者欲长毂"[121]。意思是说,车在泥泞的泽地上行走时,泥泞的地面对车轮阻力较大,采用短毂可以减少轴与毂之间的摩擦力,有利于车辆灵活地转动和行走;车在崎岖不平的山地行走时,容易颠簸,长毂支撑面较大,能增加车的稳定性,这些经验总结非常符合科学原理。如秦始皇陵的两辆铜车分别是战车与安车,战车的毂短,灵巧快速;安车乘者尊贵,当然用长毂以求平稳(见图5.7)。

然而车毂过长在路狭车多的情况下,亦会发生车毂相击碰事件。正如《史记·苏秦传》记载:"临淄之中七万户,……临淄之涂,车毂击,人肩摩,连衽成帷,举袂成幕,挥汗如雨"[168]。毂与辐之间采用榫卯连接,即在毂的外圆周上凿孔栽辐。关于辐与毂的装配连接,《考工记·轮人》曰:"凡辐,量其凿深以为辐广。辐广而凿浅,则是以大杌,虽有良工,莫之能固;凿深而辐小,则是固有余而强不足也。故竑其辐广,以为之弱,则虽有重任,毂不折"[121]。由此得出这样的经验公式:凿深=辐广=弱,式中"凿深"指轮毂上的凿孔深

图5.7 秦始皇陵1号短毂战车和2号长毂安车
图片来源：胡伟峰摄于西安秦始皇兵马俑博物馆

度，"辐广"指轮辐的截面宽度，"弱"是指辐（股）深入轮毂内的深度。根据此段文字所述，设若辐广（宽）为B，凿深为H，那么，当H<B时，车轮摇摆不定，车载重有危险；当H>B时，虽辐与毂结合牢固，但毂的强度却受影响；只有当H=B时，车轮既能坚固胜重，毂又不至破坏，因而才是最理想的凿深与辐宽比例。这一关系式亦被科学史学界评价为是世界上最早的一种关于拱梁尺寸的经验公式（见图5.8）。春秋战国时期出现的轮缠装辐法，是古人对车轮装配方法进一步优化设计的结果。蚤、笛都采用偏榫，各辐装好后向毂偏斜，从外侧看，整个轮子形成中凹的浅盆状，这种装辐法称为轮缠。轮缠可以加宽车的后底基，而且行车时辐有内倾分力，使轮不易外脱。当道路起伏不平时，即使车身向外倾斜，由于轮缠所起的调剂作用，车辆仍不易翻倒，非常符合力学原理（见图5.9）。

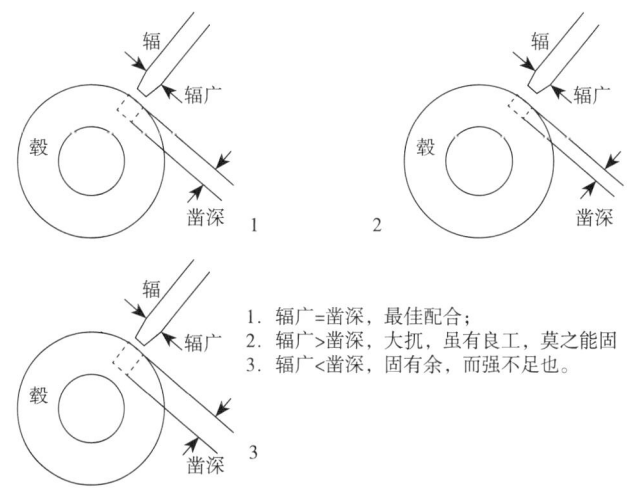

图5.8 图辐广与凿深比例图

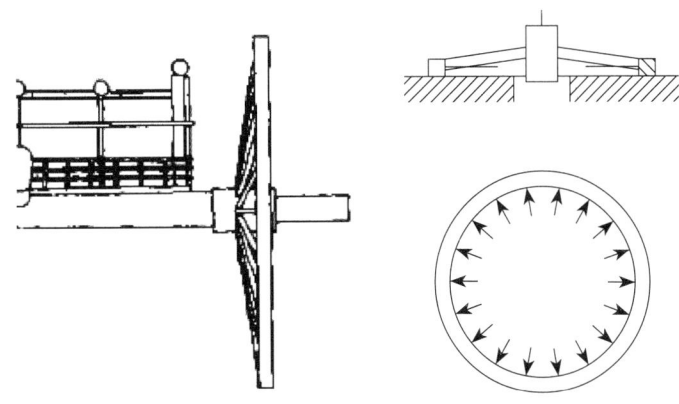

图5.9　轮缏（光华县琉璃阁出土第16号战车）
图片来源：孙机. 中国古独辀马车的结构. 文物，1985

商至秦独辀马车车轴、辀以及衡、轭之间的结构设计巧妙，十分符合科学原理。辀与轴在舆底垂直交叉汇合，辀在上轴在下，那么两者之间是如何连接搭配的呢？自商到战国中期的车，轴上侧和辀下侧一般都凿出凹槽，以使二者互相卯合。但在轴、辀上凿槽，对它们的坚固性会有一些影响，至战国晚期出现将辀直接放在轴上的装置方法，如甘肃平凉庙庄战国晚期墓出土之车，轴辀间未凿槽卯合。秦朝车在轴、辀之间垫以当兔，它相当于牛车上的钩心木，这种做法是在始皇陵铜车上开始见到的，当兔上、下均凹，在含辀、轴时起榫卯作用，不仅起到了减震的作用，也增强了车体的牢固程度，使得辀与轴连结紧密牢固，由此可见古代制车工匠独具匠心的构思（见图5.10）。

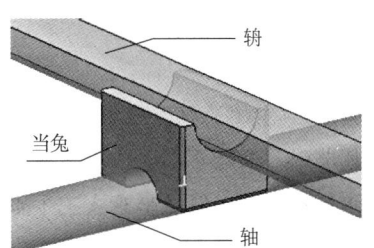

图5.10　辀、轴以及当兔装配示意图

辀颈上装衡，衡是用以缚轭驾马的横木。虽然在车马坑发掘中所见的商车，辀、衡多已分离，但是根据独辀车要靠马匹通过衡、辀来稳定整个车体推测辀、衡应该是直接连接，连接方式采用绑缚连接，即缚衡的鞼穿过衡正中部位的鞼钮将衡系结在辀颈上。轭装在衡左右两侧，用它夹住二服马之颈，马通过轭施力牵引车辆前行。轭与衡也是通过绑缚连接在一起的，绑缚轭的革带名叫——靲（见图5.11）。轭的两肢木装入轭箍、轭首后，留有卯眼，当中一楔形木作榫向上楔入，上面压力越大，则进楔越深，箍也就越紧，非常巧妙合理（见图5.12），这反映出先民们对于材料的连接方法和具体使用情景的分析，充分体现了先民的造物智慧。

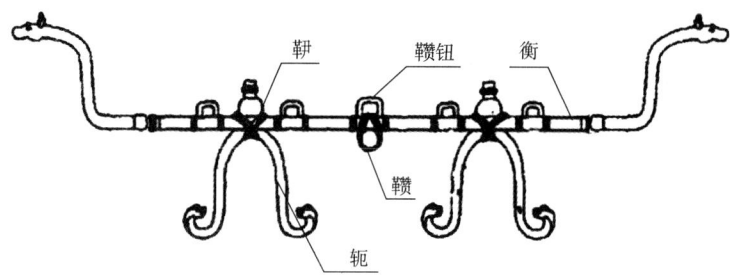

图5.11 衡、轭绑缚连接示意图

那么车箱又是如何平稳地和车轴、辀连接在一起的呢？辀在舆下一段平直，从舆下轴上穿过，居于舆底的中轴线上，辀上部为平面以便和舆底更好地贴合，两侧及下部呈弧形。辀与前轸和后轸交接处均有浅浅的卯榫相扣合，并用革条将二者缚扎。用革条捆扎固定车辀，可使其在保证牢固的同时又有些许松动，以适应道路起伏倾侧及车身的轩轾，便于保持车舆的平稳。轴与辀垂直相交并以当兔相连接，轴与左右两轸的交接

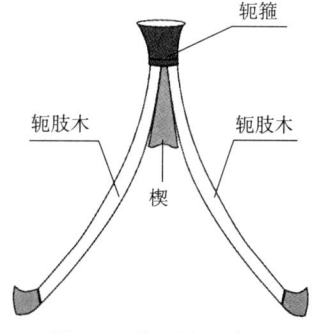

图5.12 轭受力示意图

处垫有伏兔，伏兔顺轴垫放，下面开凿的凹口与轴相结合而挟持之。伏兔的外端与轮的外沿平齐，里端一直延伸到舆底前后纵桄以内约6厘米。轴、伏兔和舆底也是用革条捆扎固定，但捆扎点并不是左右两轸，而是轴与舆底两侧前后向纵桄的交叉点，也就是说，在舆底两侧，轴和伏兔是用革条同舆底纵桄固定在一起的。轴和舆底之间的连接固定点共有三处，三点固定便能够保持车轴处于相对稳定的状态，即使轴的两端受力不同，抑或其一端因车轮受阻而使轴端遭遇强大拉力，车轴仍然不会因此而歪斜（见图5.13）[52]。在车箱与轴、辀的连接中伏兔和当兔起到了至关重要的作用，不仅能够挟持和固定车轴，使其在舆下不来回移动及转动，还可以增加舆底的高度以利安置车辀和轴，并调节揉辀的弧度，轴辀以及车箱之间的结构关系极为巧妙、科学。

商至秦独辀马车车箱本身结构又有何特点呢？立乘之车为了防止倾侧以及乘坐的舒适性，于左右两旁的车轮上各安一个横把手——较，以便于乘车人用手扶持。在车箱的前半部加装车轼，也是出于乘车人舒适及安全的考虑（见图5.14）。独辀的立乘之车多在箱底铺木板，后来由于坐乘舒适性的考虑，采用革带编织的方式制作车箱底板，上面铺席子，这种结构较木板柔软，适于坐乘。安车通常是卧乘，车箱则设计的比较封闭，可以防雨和遮挡阳光直射，乘坐起

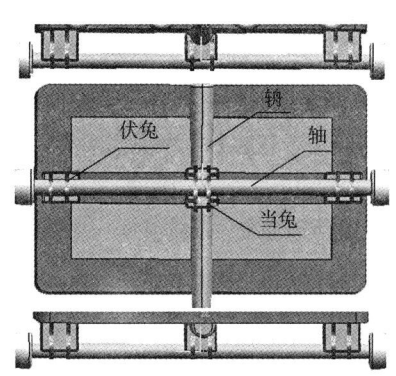 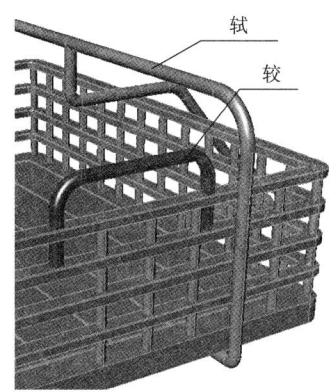

图5.13 轴、辀、车箱结构连接示意图　　图5.14 较、轼示意图

来更加舒适。商至秦独辀马车车箱结构设计充分考虑了乘车人的舒适性和安全性，体现了古车人性化的设计思想。

5.2.2 商至秦独辀马车结构设计特征

基于上述对商至秦独辀车结构分析，可以归纳出其结构设计所体现出来的设计方法、经验、原则如下：精简求用；人为物本。

"精简求用"具体体现在以下几个方面：

商至秦独辀马车的结构部件绝大多数是必要的功能部件，很少有其他目的或意图的结构部件，在满足其使用功能的前提下尽量使用更少的材料，以减轻重量，强调实用性。

尽量避免部件之间的运动损伤，对关键承力部件进行金属加固等技术处理，最大限度延长部件的使用寿命，如加装在毂、轴上的钉、铜装置等。

商至秦独辀马车结构是在功能、耐用性以及人机工程要求与材料技术、科学原理之间多相均衡的结果，也就是说古车结构是通过综合应用各种材料技术以及科学原理来实现具体目标的一种问题解决方法，譬如辐条入毂的深度、辐条之间的间距等处理方式；车轴、车辀与车箱的连接方式等。

商至秦独辀马车的结构往往根据实际使用情境、使用意图方式而做出相应调整，体现出一种适应性原则，如"长毂则安，短毂则利"。

商至秦独辀马车的结构设计充分尊重自然科学原理和规律，在抗摩擦、力学原理应用等方面尤为突出。

"人为物本"具体体现在以下几个方面：

商至秦独辀马车的结构部件设计充分考虑人的乘坐安全性和舒适性。

虽然很少有纯粹以装饰为目的的部件，商至秦独辀马车的结构部件设计在满足功能、耐用性需求的前提下,尽量做到形式美观,以满足人的"观美"需求。譬如古车部件中广泛使用的榫连接工艺,不仅很好地满足了功能需求,而且制作十分精巧,造型亦极为美观,耐人寻味,直至今日在诸多领域仍被广泛使用。

5.3 商至秦独辀马车的材料与工艺

材料的选用以及加工工艺是古代造物技术的重要内容,商至秦独辀马车采用了金、木、石、骨、皮等多种材料加工而成,是古代器械中材料运用最为广泛的案例。笔者将结合古籍文献考察商至秦独辀马车的材料与工艺特点,归纳总结其材料与工艺设计中所使用的方法以及所遵循的原则。

5.3.1 商至秦独辀马车材料与工艺设计

车轮由毂、辐、牙三个部件组成,毂是受力非常集中的部件,对材料要求很高。制毂材料要有较高的强度、韧性且不容易开裂,先民就选用杂榆制作车毂。众所周知,榆木纹理不顺,不容易劈裂且强度较高,韧性很好,非常适合制作车毂。轮人在制作车毂之前,先要把车毂所用材料"矩其阴阳",即将向着太阳和背对太阳的部分分别作记号,然后"以火养其阴,而齐诸其阳"[121]。因为背阴的木材相对潮湿,假如没有经过烘烤预处理直接用来制作车毂,随着阴面木材的水分蒸发,这部分会收缩变形,从而影响车毂的性能。因此制作车毂之前就用火烘烤材料背对太阳的阴面,使它同向阳部分木材的性能一致(见图5.15)。

图5.15 烘烤木材的阴面示意图
图片来源:胡伟峰摄于淄博古车博物馆

辐是支撑重量的承力部件,所以选用性质比较硬的槐木或檀木制作。牙的功用是"抱辐"且经常与地面砂石摩擦,所以要求材料的韧性好、材质均匀且容易制成轮子所需要的正圆形,先民就选用"多曲少直,韧如牛筋"的檍木作为牙的材料,"浑全用之,少加斧锯",自然坚固而圆曲。轮牙制作采用揉木工艺,《考工记·轮人》曰:"凡揉牙,外不廉而内不挫,旁不肿,谓之用火之善"[121]。意思是说,用火烧烤制牙材料制造轮牙时,只有恰当地控制火候,才能使木条外不断绝、内不折裂、旁不弯曲。

车轴是古车中重要的承重、受摩擦部件，其要求材料坚硬、耐磨，故先民选用檀木、枣木、梨木等硬木制作车轴。《考工记·辀人》曰："轴有三理，一者以为媺也；二者以为久也，三者以为利也"[121]。轴的选材及加工都充分考虑木材的特性，尽量避免使用带节目、虫疤的材料，制作加工时也要尽量保证材料本身色调、质感、花纹、年轮等天然美感不被破坏。车辀基本都选用整根粗壮大木，辀接轴而后，往往逐渐变细，因为轴后承重不大且是木料的梢部，自然细弱。在出轨而前，也逐渐变细变曲、到前端又转趋肥大。因曲中处须揉治，径粗就不易揉弯；前端是木之根部，肥大更可雕刻装饰以壮观瞻，取辀粗壮，为的是承重，将辀削细，为的是制作方便和减轻车的重量。由于木材容易成型，可以通过冷、热加工方法制成各种各样的形状，木材的强度也足以满足车箱的要求，且质轻的木材可以减少车子的重量，减轻马匹的负担，所以车舆部分大都是用木材加工而成，也有少数用藤条编制或揉制，如春秋战国时期用藤条编制的车箱，既科学又美观（参见图4.36）。

商至秦古车的金属部件多数是起加固和降低部件摩擦损伤的作用，通常采用青铜制成。先秦时期工匠已经能够根据器物功能差异，采用不同的铜锡配比制作对硬度和韧性要求不同的器物，正如《考工记》所载："金有六齐，六分其金而锡居一，谓之钟鼎之齐；五分其金而锡居一，谓之斧斤之齐；四分其金而锡居一，谓之戈戟之齐；三分其金而锡居一，谓之大刃之齐；五分其金而锡居二，谓之削杀矢之齐；金锡半，谓之鉴燧之齐"[121]。可以推断制车工匠亦会采用不同的合金配比制作对硬度、韧性要求不同的车马器。战国以来也常用铁制作车马器，如用于加固车毂和轴的釭、锏，由于这两个部件要经常摩擦，所以釭、锏选用具有较高耐磨性和较小摩擦阻力的灰口铸铁，既能起到防护作用而且还利于运转。高级别古车上还往往使用由金银等贵重金属制作的车马器，这些金银装饰件本身的颜色和质感就给人一种华丽高贵的感觉，个别还镶嵌有精美的宝石则更加显得富丽堂皇。

5.3.2　商至秦独辀马车材料与工艺设计特征

通过对商至秦独辀马车选材及加工工艺分析，可以归纳出商至秦独辀马车选材及工艺设计所体现出来的设计方法、经验、原则如下：材美工巧。

"材美工巧"具体体现在以下几个方面：

选材、用材首先要能满足车辆功能属性要求。功能属性始终是器物的关键属性，也是制器造物的最主要目标。古代造物技术相对落后，器物功能实现对于材料技术有很强的依赖性，材料本身的属性（强度、韧性等）很大程度上决定了器物的功能属性优劣。所以商至秦独辀马车的选材及加工工艺首要保证能够满足其"引重致远"的功能需求，还要能够经久耐用。

在满足古车功能属性要求的前提下，力求展现材料本身的质感、色彩、纹理等自然美。材料质感和纹理是材质之美的重要组成部分，给人以强烈的心理享受和审美满足，对器物的外观风貌也具有决定性影响。先秦时期的能工巧匠已经可以做到在加工处理器物表面时，既注意保持材料的自然质地和纹理，又巧妙通过多种工艺手法丰富材料质感和纹理变化，从而使材料质感的美妙得到极大的表现。

巧工在加工材料时既要满足车辆功能属性需求，又要顺应材料本身的物理特性，体现出一种顺应自然的和谐设计思想。先秦时期的造物准则就十分强调"工巧"，《荀子·荣辱》曰："农以力尽田，贾以察尽财，百工以巧尽械器"[127]，"工巧"是对造物中人类智慧之关键作用的肯定，百工之"巧"关键体现在对天、地、人等各种制约因素协调处理能力，以及在复杂情境下的问题求解能力。商至秦独辀马车中车毂、车辄、轮绠装辐以及车辀的加工制造，都是体现"工巧"的典型之作。

"材美工巧"是中国古代工艺美学观中最关键的两个因素，只有二者配合恰当，所制作的器物才能称作精良。如《考工记·序官》中说："凡察车之道，欲其朴属而微至。不朴属，无以为完久也；不微至，无以为戚速也"[121]。这里的"朴属而微至"就反映出了"材美"和"工巧"两方面的要求。朴属是指车轮安装在车上一定要坚固，要求选材得当；微至则是指车轮要做得正圆，着地之处要少，才能运行得快，要求工要巧。反之，如果车轮不精密结实，就不会耐久；轮子着地的面积若不微少，就不会转动得快。所以说，只有将"材美"和"工巧"结合在一起，才能使制作的器物达到实用之目的。

5.4　商至秦独辀马车装饰

装饰是人类的本能，从古至今，只要有人类活动就必定留下装饰的痕迹。装饰的内涵极为宽泛，所取之材可以是"石类、金类、陶土"等矿物类，亦可以是"角、骨、牙、皮、毛羽、丝木、草、藤、棉、麻、果核、漆"等动植物，所用技法可以有"刻、铸、陶、镶、编、织、绣、绘"等多种，蔡元培曾经说过："装饰者，最普通之美术也"[183]。蔡元培的装饰定义范围非常宽泛，这里仅对商至秦独辀马车的装饰纹样、色彩等装饰特点进行归纳。

5.4.1 商至秦独辀马车装饰设计

商至秦独辀马车的装饰手法主要是髹漆、彩绘以及在金属加固件上雕刻图案。漆器是中华民族的发明创造,我国在远古时代已经开始用漆,新石器时代髹漆工艺已经发展到彩绘镶嵌等较高的水平[184]。商至秦独辀马车髹漆不仅使古车车体颜色更加丰富亮丽,而且还可以保护古车部件不受潮湿腐蚀侵害。商至秦独辀马车髹漆颜色多为黑色、红色、黄色等,黑漆深沉含蓄,效果雅致隽永;朱漆典雅华美、艳而不躁;黄漆醒目强烈,具有很强的视觉冲击力。黑色与红色之间的对比强烈,可以使彩绘的花纹达到"生成天质见玄黄"的艺术效果。车体彩绘色彩十分丰富,有红、白、黄、绿、蓝、黑、褐等。彩绘图案别致、独特、完美,有夔龙夔凤纹、菱花纹、云气纹和几何纹等等,纹饰使用也非常讲究,有精心安排的区域和适合的主次之分,纹饰的繁简和体量、布排的疏密、顺序和照应都掌握得恰到好处(见图5.16)。

图5.16 秦始皇陵铜车上的纹饰图案
图片来源:胡伟峰摄于西安秦始皇兵马俑博物馆

在车体金属加固件上雕刻图案也是商至秦独辀马车的一个重要装饰手法。商周时期车上的青铜加固件一般都铸花纹,很少有素面的,商代纹饰多以兽面纹、夔龙纹、雷纹为主,西周时期除了上述纹饰,还出现了新的蟠螭纹、回纹、卷云纹等纹饰,在秦始皇铜车上还出现了菱形纹等几何纹饰。这些纹饰造型优美、意味悠长,雕刻极为精细,给人带来无穷的美感以及无限的遐想。兽面纹夸张的兽面、简洁的线条给人一种神秘、肃穆庄重的感觉,仿佛被带到了几千年前的奴隶社会;夔龙纹腾云驾雾、呼风唤雨,具有神力之形象,构图也不再讲究对称之法，而以变形动物侧视全身连续构图，表现出一种特有的动态与节奏之美。蟠螭纹的身体和腿似龙，而面部又似兽，给人一种高度抽象的艺术美感。回形纹源于旋涡纹，具有延绵不断、亘古不变含义，让人想起水的流动美感。卷云纹由卷曲线条组成对称的图案，造型细腻、精巧，作为器物上的边饰非常得体。

5.4.2 商至秦独辀马车装饰设计特征

通过以上分析，可以将商至秦独辀马车装饰特征归纳如下：

商至秦独辀马车的装饰绝对不能损害其使用功能，某些装饰工艺对古车使用功能或部件耐用性还有一定的辅助作用。譬如髹漆工艺不仅使车体颜色更加丰富亮丽，还由于多层的髹漆在古车的木质表面形成厚厚的漆膜，具有很好的保护功能。有些车马坑出土的古车，虽然木质构件已经腐烂，但是有些漆皮还很鲜艳，如在安阳郭家庄西南M52号车马坑出土了大量车体脱落下来的漆皮，还能清楚地分辨出彩绘纹饰。

商至秦独辀马车根据用途不同装饰也有严格区分，对古车进行装饰主要发生在作为乘用车的车体上，而作为载重的运输车很少有装饰的元素，即便是乘用车也会随着用途不同装饰呈现出比较大的差异。如对于帝王乘舆的五路车，前三种玉、金、象都为乘车，玉路是天子参加国家祭典等重要政治活动时所乘用的车，车的各种装饰件（车衡两端、辀首、车轭首、鞘有时也包括车轮柱）的末端所用材料为玉；金路是天子会宴宾客，封赐同姓时所乘用的车，车的各种装饰件的末端所用材料为金属（铜）；象路是天子上朝、燕行出入和封赐异姓时所乘用的车，车的各种装饰件的末端所用材料为骨（据郑氏注，象路以象牙为饰，但是目前尚未发现实物考古资料）；革路"建大白以即戎，以封四卫"[129]，革路有时还作为帝王出行的前道车；木路，"建大麾以田"[129]是帝王田猎所用的车。革者漆革，木者漆木也。

商至秦独辀马车装饰受礼制影响强烈，等级思想体现明确。《仲尼燕居》曰："君子无物不在礼"[128]，礼以器作为载体，协调人与人之间的等级关系，从而达到维护社会秩序的目的。如夏篆、夏缦、墨车、栈车、役车这五种车，是古代的"服车"——服王事者所用之车，指官车。《周礼·春官·巾车》曰："孤乘夏篆，卿乘夏缦，大夫乘墨车，士乘栈车，庶人乘役车"[129]，这几种服车根据乘车人的地位和级别不同对其装饰以及颜色使用做出了严格的区分规定。《宋史·舆服志二》曰："夏篆者，篆其车而五采画之也，夏缦则五采画之而不篆，墨车则漆之而不画。孤宜乘夏篆，象其文质之备；卿宜乘夏缦，象其文采而不足于篆"[40]。简单地说，夏篆是漆成红色、有篆车毂的车；夏缦也是漆成红色并有彩绘，但是毂上无篆；墨车是既无篆也无彩绘，只是漆成黑色而已。《周礼·春官·巾车》郑玄注："栈车，不革鞔而漆之。役车，方厢，可载工具以共役事"[129]。栈车属于随从人员所乘坐的车，是一种车箱面积比较大，既可载人又可载物的两用车，栈车不用革鞔装饰而仅仅是表面。

商至秦独辀马车装饰题材与其所处时代的社会价值观、宗教信仰等密切相关，是体现当时社会意识形态的典型符号元素。商至秦独辀马车所用的纹饰图案并非仅作为审美之用，它们与当时的社会形态、宗教信仰等有着密切的联系。兽面纹又被称为饕餮纹，是商至西周早期重要的装饰主题纹样，象征神圣王权。夔（kuí）龙纹充分体现了先民对于中国龙的崇拜，与中国的龙文化紧密相连，运用极频繁的回形纹则是远古时期水崇拜的直接产物[185]。

第6章 器以载道
——商至秦独辀马车设计思想特征

恩格斯在《自然辩证法》中称赞人类思维是地球上"最美的花朵——思维着的精神"[186],马克思也强调:"思维是人类的专利,人的任何实践活动都必然地伴随着思维技术"[187]。他们都对思维的至高地位和重要作用给以肯定,认为实践的过程就是人与自然、人与社会双向作用的活动过程。在这些实践过程中,人一方面改造了外部世界,创造了人工自然,使其变成了人的活动客体;同时也改造了人,思想使人成为自身活动的主体。

前文分别从形制、结构、材料工艺、装饰等角度归纳了作为物理对象之古车设计制作中所遵循的方法、经验、规范,关注古车的实际功能实现及其科学技术成果。然而,传统器物还具有非常鲜明的文化思想特征,古车作为与古代政治、经济、军事、民生联系极为密切的器具,对社会民生、文化思维、政治经济等都会产生不可忽视的影响,不仅是实用功能的载体,更是一个文化、思维载体。历史上的文人士子、思想先哲等对作为意向对象之古车的价值观念、形式意味、设计法则等做出了许多经典论述。笔者试图从实物遗存考察和古籍文献分析双重视角归纳商至秦独辀马车的设计思想,重点从设计认知策略、形式意味、观念价值三个层面入手,将其归纳为:"为轮,斩三材必以其时""审曲面势,以饬五材""古之为车,工无二伎""轮人有规,匠人有矩""巧者和之;合而为良";"中庸衡平;文质彬彬""轸方象地,盖圆象天";"引重致远,以利天下""以礼定制,尊礼用器""人为物本,物职所宜"等设计思想特征进行阐述,并结合现代设计理论和方法进行解读和阐释。

6.1 商至秦独辀马车的设计认知策略

6.1.1 为轮,斩三材必以其时

"轮人为轮,斩三材必以其时。……凡为轮,行泽者欲杼,行山者欲侔"[121]是古代"天时地气"设计思想在商至秦独辀马车设计制作中的典型体现。《考工记》曰:"天有时以生,有时以杀;草木有时以生,有时以死;石有时以泐;水

有时以凝,有时以泽,此天时也"[121]。认识到草木、山石以及流水等自然事物都会受到"天时"的制约,随着四季的变化而改变,认识到必需随季节的变化来合理安排造物。为轮须"斩三材必以其时"、为弓须"取六材必以其时",强调尊重季节变化规律,按天时去伐取材料,要顺应天时来安排才能取得较好的效果。天时不仅包括自然时间或者季节变化,更深一层意则包含人类社会的"时机"因素。《礼记·礼器》曰:"作大事必顺天时"[128],这个"天时"的概念就是自然时间和社会时间的统一。人类制器造物活动不仅受到自然客观天时影响,更受到人类社会时代背景因素的制约,这就是各个时代的器物具有明显时代特征的重要原因。商至秦独辀马车的造型、装饰等都具有明显的时代人文特征,譬如商周时期车体装饰及彩绘图案多用庄重肃穆的兽面纹、蟠螭纹、夔龙纹、雷纹等,象征王权威严,表现出奴隶时代由社会等级、权力意识激发出的幻想以及强烈的宗教情感和原始崇拜。再如商代车马器重实用,表现出了较多的实用特征;而周代车马器则多偏重装饰特征,如马冠、当卢、銮、马笼嘴等装饰性极强。体现等级地位的车马器在周代普遍推行于各地,这与周代"尚礼、强调严格的等级制度"等社会时代背景紧密相连。

《考工记》曰:"橘逾淮而北为枳,鹳鹆不踰济,貉逾汶则死,此地气然也。郑之刀,宋之斤,鲁之削,吴奥之剑,迁乎其地而弗能为良,地气然也"[121]。古人认识到了地理环境可以决定自然事物的物种变迁和生死存亡;同时,各地物产特色、地理资源又将形成不同造物传统和地域风俗,器物本身往往显现出区域性特征,于是就产生了"郑之刀,宋之斤,鲁之削,吴奥之剑"[121]。《荀子·儒效》也认识到了人们所居住区域的特定地理环境必然形成特定的气质与精神,正所谓"居楚而楚,居越而越,居夏而夏"[127]。由此可知,"地气"实指客观天然地理资源和地域传统二者的统一,前者为客观自然环境因素,后者为人文社会环境因素。制器造物必须做到既符合客观自然环境要求,又满足人文社会环境约束,只有这样才能符合"地气"。商至秦独辀马车的设计与制造十分讲究"合地气",各个不同地区的古车在其形制、用材、装饰等方面表现出了明显的区域特征。如对于车轮的设计,《考工记》记载为"凡为轮,行泽者欲杼,行山者欲侔。杼以行泽,则是刀以割涂也,是故涂不附。侔以行山,则是拊以行石也"[121]。即在多泥泞的沼泽地区行驶的车辆配备具有切割作用的薄型轮牙;而在布满沙石的山地行驶的车辆需配备厚轮牙,这与《后汉书·舆服志》所记载的古车车轮根据不同的行驶地理环境配置重辋、轻辋是同样的道理。重辋结实耐用,常用在路面多砂石的北方;而南方路多泥泞,有携泥不转之弊,故车轮多用轻辋。如《后汉书·舆服志》记载:"猎车,其饰皆如之。重辋缦轮,缪龙绕之"[174]，考虑到猎车所行驶区域的路况较为复杂，坚固耐用是车辆的首要要求，所以猎车配置重辀。

古代圣人、工匠在古车设计制造中充分认识到了"天时地气"的重要性，并在材料的选用与加工、车辆形制、装饰设计等方面给予了足够的重视。"天时地气"的造物思想是现代设计"语境（context）"的原始朴素表达方式。设计语境可以按照宏观和微观进行分类，宏观设计语境包括自然时间、地理和社会人文、政治经济等大的背景因素；微观设计语境包括产品使用环境、用户需求、市场接受度、流行趋势、消费心理等等。不论是古代器物还是现代产品都是语境中的人为事物，是和人类世界充满联系的一个单体。设计师必须将设计语言融合于设计以及使用情境，关注文化传统、自然状况、社会环境、个人情感等语境因素对设计语义生成的整体作用。在传统手工业文化语境中，参与造物的圣人和工匠对于"天时地气"等语境的充分认知和尊重，体现了造物者理性严谨、尊重客观因素的造物品格。在现今工业文化语境中，现代主义的设计概念和所有概念一样，追求着对设计现象和活动的符合逻辑性陈述，并严格地遵守工业文化的句法逻辑。从传统手工业到现代工业的语境变迁带来了设计的本质性变革，不论设计主体、设计对象还是设计方法、思维逻辑都发生了翻天覆地的变化，如何在不断变迁的语境中牢牢地把握设计的本质，是作为一名合格的设计师必须具有的本领。语境不仅具有纵向的时序变迁特征，还具有横向的地域差异特征。区域性的自然地理资源、物产特色和人文社会环境造就设计语境的区域性特征，是否符合区域性语境特征往往可以决定设计的成败。20世纪以来，由于科技进步、交通便利、通信发达致使设计语境逐渐具有全球化趋势，如何在全球化设计语境中彰显本国设计的人文特色成为设计师关注的热点。中国有着厚重的历史文脉，在全球化的设计语境下，中国设计要勇于探索新的设计思路，从人、产品与文化的观点来构建中国设计的人文价值。在设计技术、方法策略以及工具性价值层面，西方现代设计确实具有其先进性和优越性，我们要以理性态度敢于借鉴和学习；然而在设计哲学、设计文脉以及人文价值等意象观念层面，要积极挖掘中国文化话语资源来进行自我构建。

设计在不同的文化语境中，会不断地经历变化和调整，在不断地与客观世界相抵触的过程中，得以更新和发展。

6.1.2　审曲面势，以饬五材

《考工记》曰："审曲面势，以饬五材，以辨民器，谓之百工"[121]。郑司农曰："审曲面势，审查五材曲直、方面、形势之宜以治之，及阴阳之向背是也。"

郑氏认为"审曲面势"就是工匠察看材料的曲直、方面、形势以及阴阳向背，然后凭借以往经验决定材料的用途，以及采用何种加工方法，强调材料跟工艺的关系。"审曲面势，以饬五材"体现古代工匠在造物过程中处理材料和器物功能之间关系的策略和方法，其本质是顺应材料的天然物理属性，巧妙地在材料属性和器物功能之间寻求最佳的结合点。

中国传统工艺非常注重材料和技术条件，结合功能属性要求来制器造物。《考工记》曰："凡居材，大与小无并。大倚小则摧，引之则绝"[121]。意思是说，古车材料的搭配与拼接要和谐相称，尽量避免大材与小材装配在一起，因为如果小材支撑大材，小材内的应力超过其能承受的极限，容易崩坏；若小材牵引大材，则容易折断。这充分说明古代造车工匠已经十分注重材料的使用情形分析，注重科学用材。如曲辀的制作，车辀从轨前逐渐昂起形成"曲辀"，实践证明曲辀能够很好地满足古车的实用功能（参见5.1）。辀的曲度不能过大，否则会使车前部的支点过高，抬高车的重心，车子在疾驰急转时由于离心力的作用而产生的倾覆力矩也就大，容易翻车。且辀曲度过大，无法用较粗韧的木材，难以达到"顽典"的要求，是故"辀深则折，浅则负"。"辀人为辀"的选材和加工完全依据辀的功能需求和力学原理，选用整根木材并顺应材料的纹理煣制加工成型，充分利用梁式材料结构力学知识结合材料属性来加工制造。车轴承载车舆并安装车轮，是古车运行的中枢和重要的传动载重部件，其功能属性对于材料强度和韧性有很高的要求。《考工记》曰："轴有三理：一者以为媺也，二者以为久也，三者以为利也[121]"所以轴的选材及加工要尽量满足其功能需求和技术条件，选用强度和韧性都很好的整根木材加工成圆柱体，两端持轮部分收杀成纺锤形，且顺应材料自身的纹理以创造美感。曲辀和车轴都是古车"功能需求"和工匠对材料"审曲面势"综合处理的结果，体现了古代造物者的造物智慧。

古代"审曲面势，以饬五材"的造物方法与现代设计师进行产品设计时首先规划产品应该具有的功能，然后再寻找可以实现该功能的材料及其加工成型方法有着很大的区别。究其原因，主要是古代科学技术相对落后，人们不得不充分利用仅有的材料和技术进行造物。现代人已经掌握了大量的材料及其加工成型技术，设计师可以有较大的设计创意构思空间。

6.1.3 古之为车，工无二伎

《淮南子·主术训》云："故古之为车也，漆者不画，凿者不斫，工无二伎，士不兼官，各守其职，不得相奸。人得其宜，物得其安，是以器械不苦，而职事不嫪"[135]，强调了古代制车过程中分工合作的重要性。

先秦时期已经对社会分工的重要性有了充分的认识，先秦诸子大都对社会分工持肯定态度。孟轲认为社会上任何一个人的需要，都是由"百工之所为备"。荀况认为人生活在社会上并不需要"能遍能人之所能"[127]（《荀子·儒效》），而应当致力于一种工作，精通一项技能。齐相管仲将职业分工划为士农工商四种，主张让他们分业定居，"相语以事，相示以巧"[122]（《国语·齐语》），以便提高劳动效率。墨翟亦认为社会分工是势所必致、理所当然。关于脑力劳动与体力劳动分工的思想，春秋时期已有"君子劳心，小人劳力"[137]（《左传·襄公九年》），孔丘进一步将"谋道"与"谋食"区分，并强化"君子谋道不谋食"[126]（《论语·卫灵公》）。孟轲将这种观点进一步理论化，概括为"或劳心，或劳力。劳心者治人，劳力者治于人，治于人者食人，治人者食于人，此天下之通义也"[6]（《孟子·滕文公上》）。《考工记》曰："知者创物，巧者述之守之，世谓之工"[121]。将制器造物中"知者"和"巧者"进行了明确的分工，知者属于脑力劳动，巧者属于体力劳动，这种脑力劳动和体力劳动的分工体现了古代造物进步的一面，但是同时又将从事脑力劳动的人奉为知者、圣人，而将从事体力劳动的巧者贬为小人显然也有其局限性的一面。

春秋战国时期技术分工更加细密化、规范化和科学化，并且这种规范化、科学化的生产制度被纳入了国家管理体制。《考工记》开篇便写道："国有六职，百工与居一焉"[121]。阐述了国家的六种社会分工，进而又将从事制器造物的人分为了"知者"和"巧者"；接着又将"百工"按照技术门类进行更加细致的分类，所谓"攻木之工七，攻金之工六，攻皮之工五，设色之工五，刮摩之工五，搏埴之工二"[121]共六大类工种，三十个生产部门，而且各个部门配有专门的职官进行管理，技术职责十分明确（见表6.1）。这种专业化的生产分工涉及古代各种工程项目，作为"一器而工聚焉"的古代车辆制造就是一个典型案例。据《考工记》所载，车辆制造由多个工种的工匠协作完成，有专门制造车轮的"轮人"；专门制造车厢的"舆人"；专门制造车辀的"辀人"等等。而且在同一工种的工匠里面还要分出等级，最高级别的称为"国工"，正如《考工记》所记载："良盖弗冒弗纮，殷亩而驰，不队，谓之国工"[121]。

马克思曾经说过："整天不断重复做同一种操作，并把注意力集中到这种有限的动作上，就能够从经验中学会消耗最少的力量达到预期的效果"[188]。专业、细密的分工协作是中国古代生产技术发展成熟的标志，既提高了工作效率，又保证了工程质量，也对中国古车的设计和制造产生了深远的影响。

表6.1 《周礼·冬宫·考工记》所记载五材三十工

类别	
攻木之工	轮、舆、弓、庐、匠、车、梓
攻金之工	筑、冶、凫、㮚、段、桃
攻皮之工	函、鲍、韗、韦、裘
攻色之工	画、缋、钟、筐、㡛
刮摩之工	玉、楖、雕、矢、磬
博埴之工	陶、瓬

6.1.4 轮人有规，匠人有矩

《墨子·法仪》曰："天下从事者，不可以无法仪。无法仪而其事能成者，无有也"[131]，意思是说天下的人都必须有法度可循，否则将一事无成。墨子认为百工皆"为方以矩，为圜以规，衡以水，直以绳，正以悬，无巧工不巧工，皆以此五者为法"[131]。在《天志》三篇中，墨子还以制造机械，绘制图样的规和矩为例，说明仪法的重要性，《天志》曰："我有天志，譬若轮人之有规、匠人之有矩"[131]。由以上可知先秦时期造物已经十分注重"法仪规矩"，即强调百工造物必须有法可依，遵循规矩，在器物设计和制造过程中注重标准规范、制度，严格遵循设计制造程序。中国古车作为"一器而工聚焉"的复杂机械必须遵循严格的"法仪规矩"才能得以顺利设计生产。传统"法仪规矩"造物思想在商至秦独辀马车的设计和制造过程中主要体现在以下两个方面：（1）在古车的设计制作中必须严格遵循设计标准，"为方以矩，为圜以规，衡以水，直以绳，正以悬"[131]，只有这样才能保证古车的产品制造质量，如古车车轮的设计制造及检验（见图6.1）。（2）参与设计制造古车的"监造者""工师""造者"也必须恪守职责、规范，不能玩忽职守（见图6.2）。"监造者"是政府配备的各级管理人员，是代表中央督造器具的行政官员，其主要职责是监督器物的生产制造，检验所造器物是否符合设计标准和质量要求。《礼记·月令》"季春之月"中记载有"百工咸理，监工日号"[128]。郑注：咸，皆也。于百工皆理治其事之时，工师则监之，日号令之戒之，以此二事也。"工师"是器物的设计者和具体工艺的制定者，集技术与管理一身，是"工官之长"，担负有审核库藏原料，监督百工制作，检验产品质量并主要负责技术工艺等，解决设计中的技术问题。《礼记·月令》"季春之月"中载："是月也，命工师，令百工，审五库之量，金、铁、皮、革、筋、角、齿、羽、箭、幹、脂、胶、丹、漆，毋或不良"[128]。又《荀子》"王制"所载"工师之事"是"论百工,审时事,辨功苦,尚完利,便备用,使雕琢文采不敢专造于家"[127](荀子,第137页)。"造者"简单说就是负责器物具体加工制造的百工,是器具的直接生产者。造者掌握了一定生产技能和某项专业技术。如《考工记》曰:"审曲面势,以饬五材,以辨民器,谓之百工"[121]。又《礼记·曲礼》曰:"天子之六工,曰土工,金工,石工,木工,兽工,草工,典制六材"[128]。注:巧心劳手,以成器物曰工。"监造者""工师"以及"造者"的工作职责及古代官府手工业的设计制作流程如图6.3所示。

图6.1 古车车轮检测示意图
图片来源:胡伟峰摄于淄博古车博物馆

图6.2 古车设计制造的监造者、造者
图片来源:胡伟峰摄于西安秦陵地宫展览馆

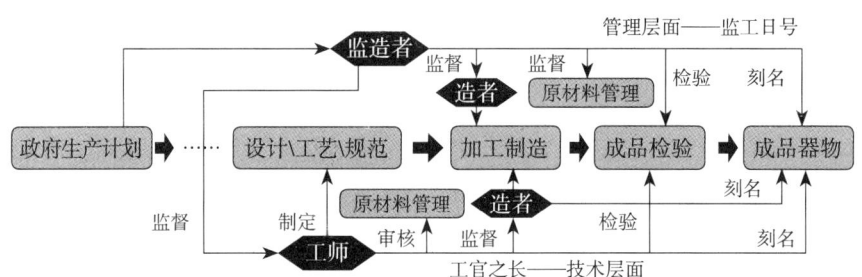
图6.3 古代官府手工业设计制作流程及管理模式

古代政府相关管理机构定期对工师、工匠的器物制作进行审核,并做出相应的奖惩。《礼记·月令》记载:"是月也,命工师效功,陈祭器,案度程。毋或作为淫巧以荡上心,必功致为上"[128]。工匠造物必须遵守"案度程""戒淫巧"以及"功致为上"等造物规范。"案度程"中"度"是指器物的尺寸大小,"程"是指器物的容积大小,"案度程"即考核工匠所作器物的"度程"是否符合要求。《礼记·王制》记载:"用器不中度,不粥于市;兵车不中度,不粥于市,布帛精粗不中数,幅广狭不中量,不粥于市;奸色乱正色,不粥于市"[128],器物、兵车、布匹等不符合尺度规范一律不准在市场上销售。"戒淫巧"即要求工匠制作器物时不能滥用技巧,不得设计制作奢华无用的虚饰,以避免对王侯将相等使用者产生影响，所谓"毋或作为淫巧，以荡上心"[128]。对于制作"淫巧之物"者惩罚相当严厉，"作淫声、异服、奇技、奇器以疑众，杀"[128]（《礼记·王制》），然而这种"戒淫巧"的造物规范在一定程度上抹杀了工匠的创造性，限制了其"巧思"的发挥。中国古代对于工匠"戒淫巧"的规定与古代西方鼓励制造"奇器"的做法几乎完全相反。亚里士多德（Aristotle）在《形而上学》中说："技术发明日渐增多，有些丰富了生活必需品，有些则增加了人类的娱乐，后一类发明家又自然地被认为较前一类更敏慧"[115]。传统"戒淫巧"规定对于创造者的思想束缚也许正是现代科学没能率先在我国产生的一个重要原因。"功致为上"即工匠所作器物必须具有良好的功能，能够"功致"，是考核工匠是否满足造物规范的重要指标。在工匠的生产管理以及产品质量控制方面，古人采取的另外一个重要措施就是"物勒工名"——即将器物的监造者、工师以及造者姓名依次刻镂在器具上，以备以后的问责。《礼记·月令》记载："物勒工名，以考其诚，功有不当，必行其罪，以穷其情"[128]。"物勒工名"就是在器物上刻工匠的姓名；"考其诚"则指通过产品质量来考核生产者的工作态度、技术水平等。"功有不当，必行其罪，以穷其情"对于因玩忽职守而造成的产品质量缺陷的人进行处罚，追究责任。"物勒工名"制度大约出现于战国中期，在秦朝时期得到了广泛的推广[189]。秦陵出土的铜车马，零部件繁多、结构复杂、加工工艺要求极高，因此它对部件质量控制十分严格，小到每一个金泡、银泡都有质量要求，并要求有制造者、监造者的刻名。如实测15个大金泡中刻文为丁的有6个，辛的1个，癸的4个，壬的2个，刻文不清的2个。23个大银泡上，刻文有丁4个，癸6个，辛5个，壬5个，书写记号甲3个等。严格的"物勒工名"制度保证了器物生产装配的可靠性，外观的完美性，还在一定程度上保证产品或零部件满足标准化的要求。正如《秦律》中所规定的，"为器者，其小大、短长、广亦必等"[190]，物勒工名在很大程度上保证了古车部件的尺寸标准，满足了部件之间的可互换性，这对于古车的批量生产及维护有着重要的意义。严格的"物勒工名"制度也促使匠人、工师以及监造者能够严格遵循设计生产的"法仪规矩"。

中国古代"法仪规矩"造物思想在一定程度上体现了现代设计管理中的设计程序、设计组织、设计稽核等层面的内容和方法，可以说我国在先秦时期已经形成了设计和生产管理的有效措施和方法。"有计划、有步骤、有任务、有要求的设计过程，便是程序过程。为设计的过程设计，这一类的程序即是设计程序，其结果便是称设计的程序"[191]。由图6.3可知，中国古代造物程序中明显存在从"设计需求定制"到"确定产品设计图纸、图样"再到"生产加工制造"以及最后的"产品质量检验"等顺序设计制造流程，而且在器物制造过程中在顺序设计的流程基础上出现反复和迭代的过程，譬如"监造者"或者"工师"在审核工匠制作器物的过程中，如果发现设计缺陷或者制造质量没有达到制作规范，则往往会要求"返工"。可见，中国先秦时期已经出现和现代设计极为相似的设计制造流程，并隐约体现出了"顺序设计""并行设计"以及"重叠设计"等设计程序模式。中国古代参与车辆设计和制造的"监造者""工师""造者"等共同组成了一个近乎完整的设计制造组织，管理者、设计者、制造者有明确的分工和层级关系，并采用了"物勒工名"等有效的设计稽核方法。

6.1.5 巧者和之，合而为良

"天有时，地有气，材有美，工有巧。合此四者，然后可以为良"，"三材既具，巧者和之"[121]，是中国传统"和合"思想在商至秦古车设计制作中的典型体现。"和合"是中国文化的精髓，"和"是指不同元素之间的平等和谐共处，"合"是指不同元素之间的融会贯通。殷周之时，和与合是单一概念，《易经》和字有和谐、和善之意，《国语·郑语》较早提出"和合"范畴，"商契能和合五教，以保于百姓者也"[122]。意指五教的和合，会使百姓安身立命。孔子在继承《左传》《国语》的和同思想的基础上，强调"礼"的重要性，强调个体在自觉遵循"礼"的过程中，实现个体与社会的和谐，这使得孔子以"和"为美的思想具有浓厚的道德伦理色彩。老子的和合思想主要从三个方面来诠释：一是守静不争的人之和；二是具有整一性与阴阳调和性的道之和；三是体道向天的自然之和。"道生一，一生二，二生三，三生万物。万物负阴而抱阳，冲气以为和"[4]（《老子》第四十二章）。老子认为道因蕴涵着"阴阳"而生成万物，万物亦都包含"阴阳"两个方面，阴阳互相作用而形成和。

"和合"在不同领域有不同的表达方法和意指，对于造物而言，和合是设计文化的核心价值体系表达模式。中国传统造物以"天人合一""以人为本"等哲学思想为根基，目的就是为了追求自然、社会、人际整体和谐发展。《周易·系辞下》亦曰："有天道焉、有人道焉、有地道焉，兼三材而两之"[112]，强调三者"兼"有，天地、人和物的整体和谐是千年一贯的基本思想和价值观念。《考工记》亦十分强调造物的和谐原则，文中多次出现"和""合"概念，认为和谐是古代造物的首要思想，造物要准确适度，既无过也无不及。《考工记》蕴含的和合思想并不能简单地理解为中庸思想在造物上的体现，而是古代能工巧匠在长期的造物实践中摸索出来的造物规律。如《考工记》记载古代车轮的制造，除了"三材既具"，最关键的还需要有巧工进行组合安装起来，即"巧者和之"。再如《考工记》强调造物除了"天有时，地有气，材有美，工有巧"[121]四原则，关键还要"合此四者,然后可以为良",强调辩证统一、有机结合。古希腊亚里士多德也曾提出造物"四因说",但是亚氏认为造物四因之中"质料因"和"形式因"是主要因素,又以其中的"形式因"起决定作用,并相对忽视"质料因",认为质料仅仅是自然界的一种潜能,只有经过发展有了形式才达到现实,亚氏把形式与内容割裂开来,对造物各种因素之间的"和合"关系认识相对不足[192]。

"物"作为联系"人"和"环境"的物质媒介,是体现"和合"思想的重要载体。《考工记》记载:"轸之方也,以象地也。盖之圜也,以象天也。轮辐三十,以象日月也。盖弓二十有八,以象星也"[121],先民"象天法地"的造车理念既是尚象思维的体现,同时也是"人""车""自然"相互"和合"的典型表达方式。《考工记·辀人为辀》曰:"辀深则折,浅则负。辀注则利准,利准则久,和则安。辀欲弧而无折,经而不绝。进则与马谋,退则与人谋。终日驰骋,左不楗;行数千里,马不契需;终岁御,衣衽不敝,为辀之和也"[121]。即曲辀的设计应顺木理弯曲适度而无折痕,这样才能配合人、马进退自如。马儿行驶数千里,也不会伤蹄怯行;御者终年驾车驰骋,也不会磨破衣裳,充分反映了"人"与"物"和谐统一的"和合"思想,体现出我国古代社会充满人文关怀的"人性化"设计风格。古代器物设计的和合思想还通过"阴阳平衡"体现出来,"阴"和"阳"是事物的两个方面,阴与阳的共存与转化最终是为了达成二者的和谐。古代器物的选材、造型以及结构设计等都讲究阴阳平衡,和谐一致,如前文提到的制作车毂的材料要"以火养其阴,而齐诸其阳",从而实现阴阳平衡。"和合"思想在器物上的另外一个重要表现为器物"文质"和谐,注重器物形体及装饰和其功能效应的有机统一。商至秦古车设计制作中的文质得当、中和之美也是"和合思想"的重要体现。礼仪用车主要体现"等级关系"的"礼",所以其形式设计及装饰十分贴合"礼"的功能意指;而运输车则很少用装饰元素,注重实用功能。

6.2 商至秦独辀马车的形式意味

6.2.1 中庸衡平,文质彬彬

"中庸"是儒家乃至整个中国传统文化的核心思想,是几千年来中华民族的智慧结晶。程颐之曰:"不偏之谓中;不易之谓庸"[132]。朱熹亦云:"中庸者,不偏不倚,无过不及,而平常之理,乃天命所当然,实则精妙至极"[132](《中庸章句集注》)。中庸强调遵守一定的标准,既不过,亦不是不及,但是中庸之道并非骑墙、折中,更不是模棱两可、明哲保身,而是权衡诸多利弊因素,以积极进取的态度,遵循客观规律,做出最合适的选择[193]。对于中国传统造物而言,中庸思想是器物整体价值定位和伦理尺度。

中庸思想体现在商至秦独辀马车形制上主要表现为中和平衡的形式美法则。尚中和平衡这两种艺术的美构成了中国式的美,中和平衡在审美视觉上给人一种安稳、持重、冷静而又坦然之感,中和平衡的艺术美形式在中国古独辀马车的构型中得到了充分的体现。以中为正,以中为尊,中国古独辀马车不论是整车布局还是具体到某个单独的部件,几乎都是沿中轴线或者一个中心对称,处处体现出"以中为尊"的思想理念(见图6.4)。中国古独辀马车的平衡美体现在它的整体以及各个部件的比例与尺度上。中国古独辀马车的各个部件之间的主次关系明确,部件间的高矮、体量、色彩、材质搭配非常协调、统一,使得整车相得益彰,形成不可分割的整体。中国古独辀马车的比例关系还充分考虑人的尺寸和使用方式,既满足人机工程的要求,又达到比例上的协调均衡,具有强烈的韵律美。如《考工记》说:"车有六等之数:车轸四尺,谓之一等。戈柲六尺有六寸,既建而迤,崇于轸四尺,谓之二等。人长八尺,崇于戈四尺,谓之三等。殳长寻有四尺,崇于人四尺,谓之四等。车戟常,崇于殳四尺,谓之五等。酋矛常有四尺,崇于戟四尺,谓之六等"[121]。

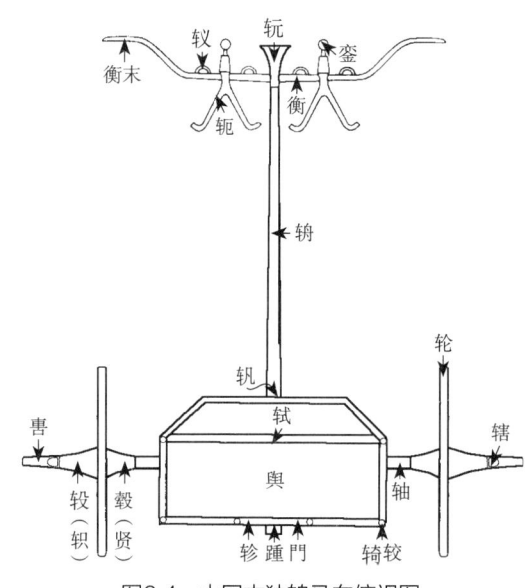

图6.4 中国古独辀马车俯视图
图片来源:郭宝钧.殷周车器研究.北京:文物出版社,1998,5

中庸思想另外一个重要的注解就是权衡诸多利弊因素,遵循客观规律,做出最合适的选择,这一点在商至秦独辀马车的结构设计及材料工艺设计上得到了充分的体现。如辐条入毂的深度、辐条之间的间距等处理方式以及车轴、车辀与车箱的连接方式等,都是在功能、耐用性以及人机工程要求与材料技术、科学原理之间多相均衡的结果,是"权衡诸多利弊因素,遵循客观规律,做出最合适的选择"的典型案例。

"文质彬彬"出自《论语·雍也》中的"质胜文则野,文胜质则史,文质彬彬,然后君子"[126],"文"指表面的文采、文饰;"质"指内在的实质、价值、性质,两者关系是对立统一、相互依存、不可分离的。对造物而言,"文"和"质"是器物的两个属性向度,而且两者关系具有相对性,对"文"与"质"的理解应当被建立在一种相对的关系上,如"质"指材质,那么"文"就是指材质上的纹理;"质"指为器物的功能,那么"文"就是指器物的式样或是装饰。关于"质"的理解往往被划归为器物的物理功能,如冬衣为御寒、舟车为利于行走等,这种观点的代表人物是墨子和韩非子。然而这种将"质"仅仅局限于物理功能的定义是极为狭义的。众所周知,不论是古代器物还是现代产品,除了基本的物理功能之外,往往还蕴含种种社会价值和人文情愫。在某些情境下,器物所体现的社会价值是衡量其优劣的重要标准,所以器物的"质"应该包括其所体现出来的社会价值和人文属性。对于这一点先秦儒家有独到的见解,如对于丧葬所用的棺材、生器、明器、车马具等,"大象其生,以送其死"[127](《荀子·礼论》)表明这些丧葬用品的主要功能是其社会价值——对死者的哀素之心,而不是墨子所强调的物理功能——仅仅是保护死者的遗体不受侵害。

商至秦独辀马车作为"引重致远"的交通运输工具和"明贵贱、辨等列"的载道之物,其"文质"关系处理显得极为重要。古车的"文"是指其造型、装饰等形式因素;"质"是指其功能、性质等内在因素,商至秦独辀马车在"文质"关系处理上力求二者的和谐相称(见图6.5)。商至秦独辀马车按其功能属性特征可以分为三种:运输车、乘用车、战车。运输车体现人化的功能特征,其"质"主要表现为满足人类交通运输需求,强调实用性。基于运输车实用功能属性要求,其"文"也恰当地配合"交通运输"的"质"的要求。因此,运输车的造型一般比较简洁,车厢很大以便装更多的货物,使用价格相对低廉但坚固耐用的材料制作而成,多数使用牛来作为动力。装饰简洁朴素,大多仅仅做简单的髹漆,基本没有纹饰和纯粹的金属装饰件。乘用车的主要功能是供人乘坐,并能够体现乘车人的身份地位,为了能够达到使乘车人安全、舒适的目标,乘用车形制、结构以及装饰设计都十分人性化,力求符合人机工程学的要求。为了能够体现乘车人的身份地位,满足乘用车的"礼化"功能特征需求,乘用车的造型、装饰也体现出了"以礼定制,遵礼用器"的原则,参看本书6.3.2。战车的主要功能特征是炫耀武力、张扬攻击性,作战性能是战车"质"的主要体现。为了适合作战需要,战车在其形制、装饰以及配置上都进行了独特的设计。如为了加大稳定性及保护舆侧不被敌车迫近,战车车毂远比民用车车毂长。某些战车还装有横刃式軎饰,其形式仍属于折边型軎饰,但在軎的外端另生一圭头

	示例图片	质	文
乘用车		供人乘坐，能够体现乘车人的身份地位，并达到使乘车人安全、舒适的目标	乘用车形制、结构以及装饰设计都十分人性化，力求符合人机工程学的要求。又为了能够体现乘车人的身份地位，满足乘用车的"礼化"功能特征需求，乘用车的造型、装饰也体现出了"以礼定制，遵礼用器"的原则
战车		主要功能特征是炫耀武力、张扬攻击性，作战性能是战车"质"的主要体现	战车在其形制、装饰以及配置上都进行了独特的设计。如安装具有杀敌功能的车马器；车舆加装具有保护功能的厚甲板；为了加大稳定性及保护舆侧不被敌车迫近，战车选用长车毂
运输车		满足人类交通运输需求，强调实用性	造型一般比较简洁，车厢很大以便装更多的货物，使用价格相对低廉但坚固的材料制作而成，多数使用牛来作为动力。装饰简洁朴素，大多仅仅做简单的髹漆，基本没有纹饰和纯粹的金属装饰件

图6.5　商至秦古车文质关系示意图

形横刃，强固而锋利，这样在奔驰时如有人触及轴头，必会重裂其股。某些战车车箱四面改用木板围裹，车门处也用铜活页夹住门板，以便车箱更加坚固，对士兵的保护作用更强，参见本书4.3.2。战车形制和装饰件的独特造型和构造都是战车炫耀武力、张扬攻击性的"质"的典型体现。

6.2.2　轸方象地，盖圜象天

《考工记》曰："轸之方也，以象地也。盖之圜也，以象天也。轮辐三十，以象日月也。盖弓二十有八，以象星也"[121]。"轸方象地；盖圜象天"在某种程度上体现了先民造物的"立象见意"思维。"尚象"源自《周易·系辞上》中的"以制器者尚其象"[112]，即凭借《易》的道理去指导制造器物的人最推重易卦的卦象。《周易·系辞下》曰："作结绳以为网罟，以佃以渔，盖取诸离"[112]，进一步描绘了圣人凭借卦象制造出了网罟、农具、舟车等多种器物的事例。

"立象见意"就是圣人依据天地万物的变化现象，将其抽象并形式化为"象"，在其中寄寓对天地万物之"理"的认识之"意"。《易·系辞下传》说曰：

"夫《易》,章往而察来"[112]。因而,"立象"实际上是一个综合、归纳、推理的"抽象"逻辑过程,所立之象往往是人通过对自然事物的"类比"而确立。然而如果仅将圣人"立象"过程中抽象出并形式化的"象"理解为周易所特指的"卦象",并将"制器尚象"理解为"依卦造器"或者"依象造器"显然很牵强。李约瑟(Joseph Needham,1900—1995,英国生物化学和科学史学家)、顾颉刚等也都曾经对"依卦造器"产生质疑,认为"依卦造器"的说法很牵强[194]。胡适也认为所谓观象,只是象而已,并不专指卦象,认为人是受到自然现象的启发才发明创造器物的。

古人尚象的主要目的是为了"用",圣人观天地之象非为欣赏自然,而是为着"认识"天地之"理";"立象"当然也不是艺术创作,而在于"见意",将"认识"到的幽隐之"理"表示出来,供人们判断行事的吉凶[195]。

中国古代(尤其是先秦)器物首先是为"用"而制作,但也都是见意之象,并非纯粹的物质制造,而是另一种性质的"立象见意"。"轸方象地;盖圜象天"的表层理解是古代车辆外形要"象天法地",就是依照古人意念中的天、地、日、月、星宿等形象来制造盖、舆、辐等部件;然而深层意指则是人所造之车应该成为一种"象",并在其中寄寓"人顺应天地、向天地学习"的"意",从而达到"天地神灵庇佑人类"的更深层之"用"的目的。同样在秦始皇二号铜车的设计中也存在"立象见意"的设计策略,秦始皇二号铜车车盖设计成乌龟壳形状,不仅很好地满足了车盖实际"遮风避雨"的实际使用功能要求;同时也形成了"见意之象",即将车盖立为一种"象",并在其中寄寓"长寿"的"意",从而达到"人类追求长寿"的更深层之"用"的目的。

"象"是中国文化创造的"原型",圣人通过"观象制器"创造物质文化;通过"立象见意"表达制器造物精神文化的诉求。传统"尚象"的设计思维有别于西方所谓的原始思维、逻辑思维和形象思维,但却兼有原始思维、逻辑思维和形象思维的部分性质,具有融实用与艺术于一体的思维本质特征。"综合、归纳、推理"的抽象逻辑也是现代设计的策略,现代设计师也往往使用"类比"产生新概念、新创意。

6.3　商至秦独辀马车的观念价值

6.3.1　引重致远,以利天下

《周易》曰:"备物致用,立成器以为天下利"[112],意思是说使物尽得其用,观象制器以便利天下。"备物致用"凸显了器物的实用功能,"利天下"则强调制器造物的根本目的是给人们的生产生活带来便利。先秦诸子对于器物"致用,利天下"的基本特性有着近乎一致性的认识和主张。《荀子·王制》云:"论百工,审时事,辨功苦,尚完利,便备用,使雕琢文采不敢专造于家,工师之事也"[127]。记载了"工师"重要职责便是审查器物是否"便备用"。《庄子·天地》亦记载了一种名为"槔"的机械,用它来提水"挈水若抽,数如泆汤[5]",说明道家对于器物的"实用、便利"也是持有赞赏态度。先秦诸子中最为重视器物之"致用,利天下"性能的首推墨子,墨子认为器物必须要强调实用,讲求功能,即"利人"。《非乐》提出:"利人乎,即为,不利人乎,即止[131]"。墨家所谓的"利",乃指"天下之利","万民之利",并非自私自利。《墨子·节用》论及"车之利"与"舟之利"时认为"舟、车"的设计应该"车为服重致远,乘之则安,引之则利,安以不伤人,利以速至,此车之利也"[131]。墨家对于器物设计制造,不但强调"实用、兴利",而且还重视"节简",尽量做到用"财少"而"利多"。《墨子·辞过》论述道:"故圣王作舟车,以便民之事,其为舟车也,全固轻利,可以任重致远,其为用财少,而为利多,是以民乐而利之。……君实欲天下之治,而恶其乱,当为舟车,不可不节"[131]。墨子认为制造车辆舟船应该坚持节用,降低成本,能够实现"全固轻利""服重致远"的目的即可,而不应该"饰车以文采,饰舟以刻镂",从而提高制造成本,进一步引起"民寒""民饥"。

然而笔者认为,商至秦独辀马车的"致用"特征应该根据其实际使用意图来决定,对于用来载人和运送货物的车辆,其设计固然应该以"全固轻利,任重致远"为主要考核指标,尽量做到"用财少而利多"。但是"用"也有其他层面意指,不仅仅是"引重致远"的实际运输功能。作为礼仪用车,其"用"更偏重于"明贵贱、辨等列"的礼制化功能属性,从而达到维持社会等级秩序的目的,而载人和运送货物的实际使用功能则已经被弱化,反而退居次要地位。如古代帝王乘坐的"路车",其功用更多的是彰显帝王至高无上的君权地位。那么如何体现这种礼制化功能特征呢?通常的做法是在车辆的形制、材料、装饰上进行等级差异化处理,并制定严格的车舆使用规章制度,即"以礼定制、尊礼用器"。

商至秦独辀马车"利天下"的功用价值也分为不同的层面。古代造车工匠、工师所追求的古车功用价值主要集中在车辆的"使用功能实现",即如何通过材料选用、加工及成品检验等环节,来促使所造之车更加"全固轻利",从而更好地完成其"引重致远"的运输功能。而古代的思想家则对于古车的功用价值有着更为宽泛的理解，他们不仅仅是将目光聚集于单独器物的实际功能，而是更加注重古车和社会政治、经济、军事、教化、民生的关系及其多维向的社会价值，强调通过古车的设计制造和使用实现"治理天下""促进经济繁荣""增强军事实力""载道教化"以及"利天下民生"等多重功用。

6.3.2 以礼定制，尊礼用器

《左传·昭公二十五年》曰："夫礼，天之经也，地之义也，民之行也"[137]，《礼记·礼器》亦云："礼器，是故大备。大备，盛德也"[128]。"礼"作为我国古代社会从祭祀到起居，从政治军事到文化艺术及日常生活的礼仪制度总称，其主要功用就是"明贵贱，辨等列"，从而维护尊卑长幼（即君臣父子）森严等级制的统治秩序和社会稳定。"以礼定制，尊礼用器"是指我国传统造物和用物必须严格遵循仪礼制度，"制器"和"用器"都必须循礼而为之。"礼"通过人造之"器"体现出来，"器"成为"礼"的物质载体，"礼"反过来又制约着"器"的设计和制造。"以礼定制，尊礼用器"最终目的是通过制器造物行为建立和维持国家秩序，进而实现治国构想。正如《荀子·富国》所云："故为之雕琢、刻镂、黼黻文章，使足以辨贵贱而已，不求其观"[127]。

那么古代器物到底通过什么方式体现"礼"呢？

通过器物本身的形制、材料工艺以及装饰等差异化设计和制造来体现等级差别，即"以礼定制"。如古代建筑，其布局、数量、大小等均受到礼制思想的广泛影响，宅第中"前堂后室"的布局、四合院"北屋为尊，两厢次之，倒座为宾，杂屋为附"[196]的位置序列，也在很大程度上反映了这种礼制精神。在建筑中通过限定开间的数量、斗拱的配置、色彩的范围等来区别不同级别的建筑。"礼"更有以"中"为尊者，"中正无邪""均衡对称"的建筑单体和群体布局，显示尊卑的差别与和谐的秩序，而位于轴线上的主要构图因素不偏不颇，创造了尊贵的气势，这些都是以"贵贱有等"方式表达了建筑的礼制精神。再如商周青铜器在器型、尺寸、纹饰等方面都具有明显的礼制特征。商至秦独辀马车根据等级差别和使用场合的不同，其形制、材料工艺、装饰等都有明显礼制化区分，是礼化社会等级制度在交通工具上的体现。《周礼》记述了帝王乘舆有玉、金、象、革、木五辂，路车以下依次为夏篆、夏缦、墨车，低等的为栈车、役车。《周礼·春官·巾车》曰："服车五乘，孤乘夏篆、卿乘夏缦、大夫乘墨车、士乘栈车、庶人乘役车"[129]。明确规定了官职等级不同，所乘服车的明确级别区分，不容僭越。根据级别以及使用场合的不同，乘用车的造型、装饰亦有明显不同。如对于帝王乘舆的五路车，装饰华丽、材料贵重稀有，力求造型、装饰能够体现帝王乘舆至高无上的地位。至于路车以下的服车，《宋史·舆服志二》记载："夏篆者，篆其车而五采画之也；夏缦则五采画之而不篆；墨车则漆之而不画。孤宜乘夏篆，象其文质之备；卿宜乘夏缦，象其文采而不足于篆"[40]。意思是说，夏篆是漆成红色、有带篆车毂的车；夏缦也是漆成红色并有彩绘，但是毂上无篆；墨车是既无篆也无彩绘，只是漆成黑色而已。栈车属于随从人员所乘坐的车，是一种车厢面积比较大，既可载人又可载物的两用车，栈车不用革鞔装饰而仅仅是表面用漆处理。

通过使用器物的各种程序、规章制度等差异化处理来体现等级差别，即"尊礼用器"。《尚书》云："明庶以功，车服以庸，谁敢不让，敢不敬应"[139]。表明上古以来我国对车服的使用就有严格的等级规章制度，必须严格遵守，不得僭越，否则将受到法律惩处。《周礼》中记载了"王之五路""王后之五路"以及"服车五乘"等，这些是帝王和各级官员的用车制度。通过严格的器物使用规章制度，达到了"明贵贱，辨等列"的礼制化区分目的，维持了统治秩序和社会稳定。

然而，"以礼定制，尊礼用器"的思想本质上属于儒家"以礼治国"的一部分，"以礼治国"首先是以承认人与人之间的等级差异为前提，这与现代人的平等意识相冲突，往往受到抨击。但事实表明，不平等的等级差异从古至今一直存在，儒家礼制思想确实是调和因不平等而产生冲突的有效措施，比起墨子的绝对平均主义来，反而显得更加切合实际。正如《荀子·礼论》中分析礼的产生时所说的那样："争则乱，乱则穷。先王恶其乱也，故制礼义以分之"[127]。

6.3.3 人为物本，物职所宜

中国自古就有以人为本的思想意识，认为人是万物的主宰。孔子曰："天地之性，人为贵"[197]。《荀子·王制》曰："人有气、有生、有知，亦且有义，故最为天下贵也"[127]。《尚书·旅獒》记载："不役耳目，百度惟贞。玩人丧德，玩物丧志"[139]。在道家思想中也有类似观点，如"不以身假物""不以物挫志""不以物害己"，而要"物而不物，故能物物"[5]。"物职所宜"是指"物"的本职是适宜于人的需要，即为人的生活服务。《列子》曰："万物之宜，非柔则刚；此皆随所宜而不能出所位者也"[198]。造物必须有特定的功能价值和目的，这就是此物的限定"位"，不能逾越。因此，中国自古以来在人和器物的关系上即主张人第一、器第二的观点，强调制器造物的"人为物本、物职所宜"思想。

"以人为本"的设计思想在商至秦独辀马车的设计和制造上得到了充分的体

现。商至秦独辀马车的设计制造处处以人的尺度作为标准、规范,以人的"安全、舒适、宜用"为设计目标。《考工记》记载先秦造车,车轮的高度并不是随意设定,而是根据"人长八尺,登下以为节"[121]的标准设定,一般人的高度为八尺,故车的高度恰好是便利乘者上下。对于车盖的高度,"盖已崇,则难为门也;盖已卑,是蔽目也,盖崇十尺"[121],盖的高度过高,有碍于进出城门;过低,则遮蔽御者的眼睛,影响驾御,所以盖的高度定为十尺,是综合了各种相关因素所确定的高度,其中保证乘车人的视野开阔是重要因素。为了乘车人的舒适和安全,先民也是想尽一切可能的措施,最典型的是揉辀曲中(见图6.6),揉辀曲中可使辀的两端,前就马高,后就轴高,以求舆底之近平,保持车床不坡,人不滑脱。车厢前部还设计有车轼,既可以供乘车人手抓握扶靠,下面的空间还可以放腿。车厢上面有伞盖,雨天可以遮风挡雨,夏天可以遮挡阳光。车箱底下还有薄板或皮条文茵当坐垫,坐之舒适。如西安老牛坡M27号商代的古车(见图6.7),为了达到乘坐的舒适性,舆底不再铺设硬木板,而是改制成皮条编制成的网绷在四周的轸木上,以减轻车在急驰时因颠簸,磕碰而造成的不舒服。再如秦陵2号铜安车,车厢窗牖密布镂孔网眼,一来可以使车内乘车人看到车外景物,而从车外却无法窥见车内情况;二来镂孔网眼可以随意调整开合程度,控制车内温度,人坐进去非常舒服,避免了风吹日晒。再如古人立乘行车时容易坠车受伤,为了防止乘车者坠车受伤,古车设计了专门用来抓靠的"绥",一般乘车流程是"升车,必正立,执绥"[126](《论语·乡党》),大大地增加了行车的安全性。这样,整辆车的设计和制造都从人的尺度出发"量体裁衣",尽最大可能使乘车人"安全、舒适、宜用、得心应手",强调对人本身的关注和重视,将人看作设计的最终归依,以人为本的设计思想彰显无遗。商至秦独辀马车的设计制造还处处以满足人的审美、礼制需求为目标,充分满足人的精神以及社会认同感需求。譬如古代"三才"即"天、地、人"是主宰世间万物的三种力量,在商至秦独辀马车设计中以车厢象征地、车盖象征天,而人却居其中,因而形成了"三才"之中人始终处于主体地位的寓意。再如,为古

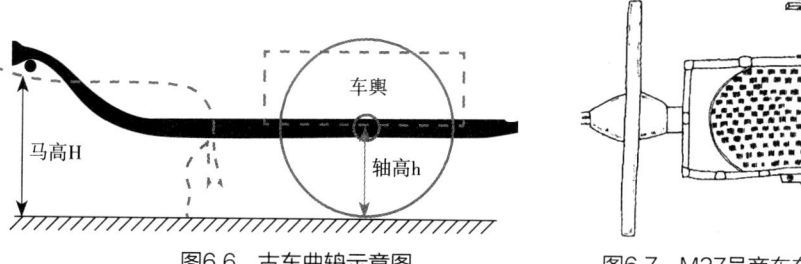

图6.6 古车曲辀示意图　　图6.7 M27号商车车舆

车进行髹漆和彩绘和加装精美的装饰件，这些可以使乘车人感到精神愉悦，彰显乘车人的社会地位。

商至秦独辀马车设计制造中所体现出来的"人为物本，物职所宜"是一种原始朴素的"设计以人为本"的设计理念。"以人为本"作为一种思维方式，指在分析和解决问题时，把符合客观规律同反映人性发展要求结合起来，把物和人的尺度统一起来。以人为本是一种以追求共同性与包容性、整合与凝聚为核心内容的价值观。

设计以人为本是人本主义思想原则在设计中的体现，它充分肯定人和人的主导作用，强调设计为人而存在，设计因人的需要而显现其自身价值。"以人为本"作为设计的重要思想原则，得到了西方现代设计运动流派的一致认可。德意志制造联盟就提出"设计的目的是人不是物"的观念，强调要利用机器生产方式为大众设计高质量的实用品，而不是为少数人生产手工艺的观赏物，从而体现了现代设计区别于传统手工艺设计的两个本质特征——机械化批量生产方式和为社会公众服务的设计方向。包豪斯也提出"设计的目的是人而不是产品"，这里突出的是其功能主义思想，它强调设计要为大众提供良好的产品功能而不要刻意关注形式，表现出包豪斯符合科学精神、适应时代发展的理性主义设计原则。

然而，必须将设计"以人为本"与"人类中心主义"严格区分开来。"人类中心主义"把人类的利益作为价值原点和道德评价依据，有且只有人才是价值判断的主体。在人与自然的价值关系中，"人类中心主义"认为只有有意识的人才是主体，自然是客体，任何时候说到"价值"都是指"对于人的意义"。"人类中心主义"实际上就是把人类的生存和发展作为最高目标的思想，它要求人的一切活动都应该遵循这一价值目标。"人类中心主义"认为可以为了满足人类需要而毁坏或灭绝任何自然存在物，只要这样做不损害他人的利益，把自然界看做是一个供人任意索取的原料仓库，人完全依据其感性的意愿来满足自身的需要，全然不顾自然界的内在目的性。在"人类中心主义"极端价值观指导下，人类凭借现代技术手段过度开采和挥霍自然资源，肆意破坏生态环境，从而导致了一系列的诸如生态环境恶化、能源资源枯竭、疾病肆虐等严重后果。中国古人对于大自然的态度确实值得现代人学习和借鉴，古人"天人合一"等思想理念对大自然给予了足够的尊重，在与自然环境和谐相处的大背景下进行"制器造物"，在"利人"的同时做到"合天"。

因此，设计实质是一种不断克服人的片面化有限有形生存而指向人与环境的整体与辩证无限无形生存的创造冲动。

6.4 传统设计思想的现代阐释及应用展望

传统设计思想研究的最终目的是为了现代设计，建构中国当代设计学科的理论体系，传承中国本土设计的风格文脉，向全世界展示中国传统优秀的设计文明成果。本节对传统设计思想和文化基因传承模式进行研究，基于人为事物的理论框架，初步构建中国传统设计思想和文化基因的古今传承映射模型，并在此基础上对传统设计思想中的主题意象、人物关系、文质关系等进行现代阐释。

6.4.1 设计思想和文化基因的古今传承

科学理性地面对古代器物和现代产品的巨大差异，对古代器物和现代产品的各方面差异性特征进行足够的认知是将传统设计思想进行现代转化应用的先决条件。

中国古代器物是先民原始崇拜、伦理道德、生活习俗等因素的集中反映，具有很强的地域文化特征，而现代产品由于全球技术趋同化、信息一体化造成其地域人文特征相对削弱，甚至完全消失。古代器物设计不仅受到客观的内部技术水平限制，还要受到政治经济、伦理礼制等外部观念意识形态的无形约束；而现代产品设计的限制除了客观内部技术条件制约，更多的是受到价格、市场销售表现等因素的影响。古代器物审美风格往往要符合位于上层地位的王公贵族们的审美情趣，宫廷御用器物通常成为人们争相模仿的器物形式；而现代产品则目标用户定位明确，绝大多数产品为了满足普通大众的需求，迎合大众化的审美取向。古代造物技术思想的交流和传承多是师徒之间的言传身教，定性多于定量、经验多于实证，这种特点就造成了古代器物中很难发现完全一样的两个器物；现代产品设计是基于精确的定量数据和图纸，批量生产的产品之间几乎没有任何差异。

尽管古代器物和现代产品存在诸多的差异，然而由于两者都属于包含人类智慧和意图的人为事物，都是运用技术方法实现材料的重新组合，以满足使用者的生理和心理需求。如图6.8所示，古代行之人为事物和现代行之人为事物本质上都是人类实现"引重致远，载道明礼"的物质载体。古代圣人和造车工匠在长期的造物实践中总结出了古车形制、结构、材料工艺、装饰等物理结构实现层面的宝贵造物经验和行为准则；而古代的文人士子又从"道"的层面为古车赋予意向功能，这些意向功能是中国传统价值观念、文化基因的沉淀和积累，是体现中华民族性格的典型元素。现代设计师采用更加先进的设计和制造技术制造车辆,并对现代车辆赋予人性化、可持续发展等现代设计理念。古代行之人为事物和现代行之人为事物设计和使用的人类活动情境发生了巨大的变迁,不论从道路设施、人文社会因素、政治经济环境,还是各种技术基础都发生了翻天覆地的变化。基于古今相差迥异的设计和使用情境,人类行之人为事物的物理结构和意向功能都发生了巨大的变革,但是中华民族长期以来形成的造物设计思想和民族文化基因作为一种固定行为模式和思维方式被传承了下来,成为中国宏观设计语境下的典型特征,也是体现中国产品区域风格特征的关键要素和思想原则,是中国产品设计本土化发展的关键特征。因此接下来笔者将中国古车设计思想和现代设计理念互读互释、取长补短,汲取传统设计思想精髓为现代产品设计提供支持。

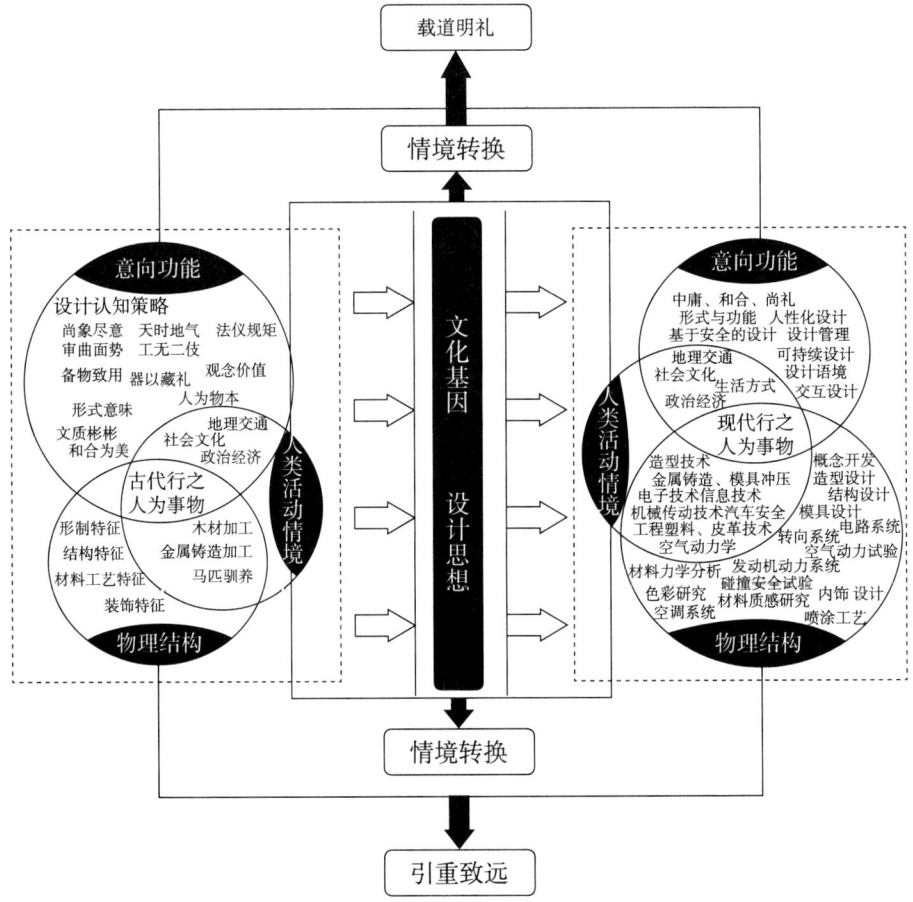

图6.8 设计思想和文化基因古今传承映射模型

6.4.2 中庸、和合、尚礼——设计的本土化主题

中庸、和合、尚礼是中国古代器物设计思想精髓,几千年来一直对中华民族制器造物活动产生强烈的影响,构成了中国独特的民族器物审美规范和社会心理认同模式。

"中庸"中国传统文化的核心思想,是几千年来中华民族的智慧结晶。造物活动关乎社会发展及和谐稳定,中庸思想追求器物形式的尚中、平和,适度的器物设计可以缓和社会矛盾,弱化由于等级差异所带来的矛盾激化。随着中西文化交流的日益加深,当代人产生了多元化的产品价值观念,中庸思想体现出一种包容、共享的思想核心和伦理范式,在中西思想冲突和伦理观念博弈的不同历史演变中成为终结偏执的最佳选择。相对于西方哲学而言,中庸思想更强调一种万物之间的协调、和谐共处,而不是一味地去改造与征服,避免了过度的破坏与索取。正如《中庸》第三十章所云:"万物并育而不相害,道并行而不相悖"[199]。和合思想强调"人""物""环境"三者的和谐一致,肯定人与天地万物在本体上的一体性,主张人与天地万物的和谐一致。人只有合于"天"才能做到"与天地合其德";人只有合于"物"才能顺应物理,事半功倍;而物合于人才能为人所用,才具有价值。和合思想是造物活动中处理设计主体、设计对象和设计环境之间关系的重要原则。《庄子·天道》曰:"天地固有常矣,日月固有明矣,星辰固有列矣,禽兽固有群矣,树木固有立矣"[5],这种人与自然同构的信仰使得古人在审视建筑营造、手工制作等生产实践与自然环境的效应关系时,对于当时统治阶级开凿山石采取金玉,砍伐树木修筑楼台所造成的自然资源大量消耗,万物不能繁衍的生存危机表示了深深的忧虑。这种强调遵循自然规律与自然互融互通、和谐发展的造物思想对于现代产品设计具有重要的启示意义。现代人类掌握了先进的科学技术,制造了大量用于征服自然的工具,创造了舒适甚至奢侈的现代生活方式和生活环境。特别是工业设计的过度商业化,使设计成了鼓励人们无节制消费的重要介质,"有计划的商品废止制"就是这种现象的极端表现,而与此同时却造成了自然资源和能源的大量透支、生态平衡的巨大破坏。为了避免对自然资源和生态环境的透支和破坏,现代产品设计要充分考虑产品在整个使用生命周期中,减少物质和能源的消耗,减少有害物质的排放,而且要使产品及零部件能够方便地分类回收并再生循环或重新利用,从而以实现人类和自然环境的和谐,促进社会的可持续发展。

"尚"有推崇、尊重之意,引申为崇尚、喜好,如《后汉书·朱祐传》曰:"祐为人质直,尚儒学"[174]。因此"尚礼"可以解释为:"崇尚各种礼节;尊重

道德规范；为人做事遵守法度。""礼"是中华民族发展历程中的重要文化现象，直到现今仍然是重要的社会规则。制器造物作为重要的物质文化组成部分，也势必遵循礼的约束。"尚礼"思想是我国传统制器造物活动的设计定位依据和规范，是器以载道的重要组成部分。现代产品设计也必须遵循礼而设计制造，能够充分体现现代人的礼制需求。现今社会固然不存在古代严格的等级尊卑关系，但是人们对于产品的需求却是存在多层次化。产品的市场定位非常细致和明确，产品设计是否符合典型用户的身份地位和使用习惯以及经济承受能力直接决定着产品设计的成败。现代产品的外观造型、材料、色彩等都要能够体现现代人的礼制需求，增强使用者的社会认同感。

产品区域风格特征的形成与该区域的民族文化意蕴密切相关[200]。诸如美国汽车的粗犷与豪迈，德国汽车的理性与严谨，意大利汽车的艺术品位，法国汽车浪漫与自由，这些产品本身就是民族文化精神和哲学取向的完美体现。中庸、和合、尚礼是中华民族的民族精神和文化精髓，也势必成为中国产品设计的文化主题[201]。

6.4.3 文质彬彬——设计的形式与功能

关于"文质关系"，也就是"形式、装饰"与"内容、功能"的关系，一直是设计领域争论的热点。中国自古以来倾向于重视"质"，力求物以致用的同时又强调文质彬彬，即文能够与质相匹配，参看本书6.2.1。那么作为现代设计诞生地的西方在"文质关系"方面是持何种观点呢？换句话说，西方的设计同行是如何处理形式与功能的关系呢？笔者将系统考察西方现代设计运动中功能与形式的角逐过程，并将其和中国传统文质观进行比对研究。

成立于19世纪初期的德意志制造联盟在其宣言中明确提出"通过艺术、工业与手工艺的合作，用教育、宣传及对有关问题采取联合行动的方式，提高德国的设计水平，提高艺术工业设计和手工艺合作水平；德国设计界应该宣扬和主张功能主义和承认现代工业"[202]。德意志制造联盟无疑是注重功能性，追求实用性的设计组织，也是历史上明确提出将艺术与技术相结合的第一个组织，对于现代设计具有重要的里程碑式的意义。然而其宣言中又写道"反对任何形式的装饰；主张标准化和批量化生产，以此为设计的基础要求"[203]，这一观点和中国先秦"先质而后文""几乎反对一切装饰"的墨子如出一辙，都显示出了极端的功能主义倾向。

19世纪80—90年代，芝加哥学派建筑师沙利文（Louis Sullivan，1856—1924）宣扬"形式追随功能"的口号，他认为装饰是精神上的奢侈品，而不是必需品,"哪里功能不变,形式就不变"[203],沙利文认为建筑设计应该由内而外,必须反映建筑形式与使用功能的一致性,这同当时学院派主张按传统式样而不考虑功能特点的设计思想完全不同。"形式追随功能"明确地将功能置于形式审美之上,成为时代设计精髓,现代主义体系也便基本确立。德意志制造联盟和芝加哥学派无疑是更加适合大工业批量生产的需求,有其旺盛的生命力,然而对于形式的不重视也显示出了其局限性。功能主义也许是基于某种特定的物质文化背景下(物质匮乏)的产物,并在一定程度上显示了它的优势。功能主义设计观为改变设计为权贵服务的立场方向,为社会大众提供价廉实用的设计,其动机是良好的。然而,这种将实用与审美对立,追求实用功能而抛弃审美的思想观念深刻地影响了当时的各种设计运动,在这种功能第一思想影响下产生了大量丑陋、单调、冷漠的机器式产品,形成了高度的理性形式,进一步导致了"功利主义"的泛滥。

英国工艺美术运动的代表人物莫里斯(William Morris,1834—1896)就认为功利至上的商业本身就是一个罪恶。他认为:"现代文明的世界,由于迅速地得到了一种分配很不公平的物质繁荣,完全压抑了人民的艺术"[204]。莫里斯成立的莫里斯事务所,其设计作品都具有鲜明的设计风格,这些风格特点在某种程度上也代表了工艺美术运动的风格特点:"强调手工艺,明确反对机械化生产;在装饰上反对矫揉造作;提倡哥特式风格和其他中世纪的风格,讲究简单、朴实无华、功能良好的设计;装饰上推崇自然主义、吸收东方装饰和艺术的特点"[202]。从以上几点可以得出莫里斯强调功能与形式的统一,对二者的重要性都给与了肯定。他有句名言:"不要在你家里放一件虽然你认为有用,但你认为并不美的东西",更明确地阐述形式美的重要性。然而莫里斯认为实现功能与美统一的唯一途径是通过艺术家的手工劳作,而且极力反对机械生产,又将装饰的风格回归哥特式以及自然图案这一狭窄的空间,显然有其局限性。英国是最早工业化和最早意识到设计重要性的国家,但却未能最先建立起现代工业设计体系,原因正在于此。

同样,19世纪末期和20世纪初期流行于欧洲大陆的新艺术运动受到了英国工艺美术运动的强烈影响。新艺术运动反对传统装饰风格,承认并接受机器,并以一种体现自然生命张力的华美曲线造型来作为他们的设计语言。相对于注重功能、追求实用的德意志制造联盟以及芝加哥学派,工艺美术运动和新艺术运动更加注重产品的艺术品质,强调设计风格的师法自然,展现了对于自然造型元素的偏爱,可以说认识到了"文"的重要性。然而他们基本都不能将设计与工业生产很好地结合起来,这也是其致命的缺陷,注定被现代工业文明发展所遗弃。

存在了仅仅14年的包豪斯学校，人数最多的时候也只有十几个教师和不足两百名学生，然而却在设计史上占据重要地位。包豪斯提出的"艺术与技术的新统一"，既重视技术，不排斥机械工业；又追求艺术，强调艺术和技术的和谐，这些思想对于工业设计的发展具有至关重要的影响。格罗彼乌斯（Walter Gropius 1883—1969，德国）曾经明确地指出："包豪斯将机械作为现代的造型手段，追求与机械的协调一致"[203]，并在设计中强调自由创造，反对模仿因袭、墨守成规，强调各类艺术之间的交流融合。学生既有动手能力，又有理论素养，将学校教育同社会生产挂钩。包豪斯把设计一向流于"创作外型"重心转移到"解决问题"上去，体现出了设计在功能、形式、市场等多维度的权衡，提出艺术家、企业家、技术人员应该紧密合作，把社会生产、市场经济紧密结合起来，走向真正提供实用、经济、美观的设计体系，为现代设计奠定了坚实的发展基础。

"重质轻文"和"过度繁琐装饰"等极端主义的设计风格和思想倾向都有其显著的局限性和片面性，此种狭隘近视的文化观不利于物质与精神文明的综合发展。张道一也在《设计艺术经典论著选读》导言中指出"功能主义"和"无装饰设计"是极端论者的过激言论[205]。反对超出当时社会经济承受能力的过度装饰，而不是一概绝对地"反对任何装饰"，适合社会经济发展需求，能给人带来精神享受的"恰当装饰"是完全有必要的。

6.4.4 人为物本——设计的人与物

人作为"有氣、有生、有知，亦且有義"的独特生命体，其存在本身也就是设计的本质原因。设计的主体是人，设计的最终价值尺度也是人，设计必须回归人的全部现实生活，回归人。人与物的关系就是以人为本，物满足人的各种需求，受人支配。

现代设计思想流变历程中，曾经出现过功能至上"以机器为本"的思想理念，把产品功能作为主流设计意识形态和指导思想，认为人应该适应机器，从而追求机器的效率最大化。这种"以机器为本"的产品设计原则所导致的后果是极为严重的，给人以极为繁重的劳动，使得人变成了机器。卓别林的电影《摩登时代》里挥舞着扳手的机器操作工形象是如此的让人捧腹又如此的让人深思，片中就机器大工业劳动对人性的扭曲给予了猛烈的抨击和辛辣的讽刺，其中也不乏对人性的呼唤。随着人们对于人和物关系的认识逐步深入，一些有思想的设计师逐渐认识到了"以机器为本"甚至"以技术为本"和"把用户数学化"的种种弊端，开始反对"以机器为本"，并在20世纪60年代末期提出了"以人为本"的设计思想，这是设计思想史中的一次重大变革。"以人为本"的设计原则针对功能主义设计思想的缺陷，提出工业设计不应当以机器功能为出发点，而应当以人的心理、生理需求为出发点，认为机器应该适应人的操作习惯和操作行为，机器应该易于被人理解[206]。现在学术界更提出了以环境为本的设计理念，这是一种可持续发展的设计观，其实就是追求人与自然的协调和平衡，其最终目的还是要为人类创造和维护更好的生态环境，本质上还是以人为本。

人为物本是制器造物的基本原则，对于正确协调人机关系至关重要。人为物本关注作为设计主体之人的各个层面需求，同时也关注人类的生存环境。人为物本作为一种自觉意识融入到设计以及人们的行为方式中，是一种全方位的人文关怀，更是设计者的义务和责任。现今高科技的迅猛发展、网络技术的日新月异，人们可以在网上购物、娱乐、交流，SOHO一族甚至可以在家上班。但是高科技产品带给个人方便与快捷的同时，却使个人不知不觉地脱离了与外部世界的联系，进一步导致人情的疏远，情感的失衡，致使人与人造物之间的关系发生了微妙的变化，人在一定程度上成为了物的附庸，人对于人造物产生了强烈的依赖性。美国著名作家、思想家梭罗（Henry David Thoreau，1817—1862）也说过："人类成了他们工具的工具"[207]，这同两千多年前中国思想家庄子的"人被物所役"警世名言如出一辙。面对新的时代背景下所产生的新问题，我们应该始终牢牢坚守"人为物本，物宜人用"的基本原则，方能在纷繁复杂的物质变迁中保持清醒的头脑，动画片《机器人瓦力》中所描述的人被机器所控制、胁迫的情景就永远不会出现。

6.4.5 传统设计思想的现代转化应用展望

虽然现代产品和古代器物有着巨大的差异，但是古代器物设计思想对于现代产品设计仍然具有一定的指导意义，尤其是对于现代产品本土化设计风格的发展。传统设计思想的现代转化一直是一个困扰设计师的难题，也是现代设计学人努力探索的热点问题。对于传统设计思想的现代转化应用必须采取谨慎的态度和切实可行的方法，绝对不能将传统设计思想或者传统元素图案直接生硬地强加在现代产品设计之上，那样只会适得其反，弄巧成拙。本节笔者试图从设计主题确定以及设计策略两个方面对于传统设计思想的现代转化方面做初步探讨，以求抛砖引玉。

产品设计主题是整个设计的灵魂，很大程度上决定了设计风格发展以及设计的成败。产品设计主题的确立是一个综合考虑各种因素（市场、技术、风格等）而做出的决策。传统设计思想是中国传统造物艺术的思想精华，也是先民造物的经验规范总结，饱含大量的传统文化符码和基因，对于开发具有中国文化特征的产品风格至关重要。对于不同类型的产品设计，其设计主题确定也要进行区分，并设法从浩如烟海的文化主题中寻找与之相匹配的传统设计思想和文化元素。如对于汽车造型设计，就要从中国传统"引重致远，载道明礼"的"行"文化中去寻找，积极挖掘与传统"行"文化相关的思想和文化元素，并采用适当的方式在现代汽车造型设计中合理运用。

产品设计文化主题确立是设计的关键工作，接下来还需要解决如何将"传统设计思想和文化元素"体现在实际的产品设计造型特征上。构建产品设计"文化主题"和产品造型"物理特征"的映射模型，从而建立从产品到文化的文化联想链。首先，将文化主题进行具体化、形式化的表达，将宏观的设计思想转化为具体可操作的语义词汇，结合产品设计其他层面的语义特征，构建产品设计语义特征库。接下来，将产品造型物理特征进行提取和形式化表达，分别从造型、色彩、材质、装饰等几个方面进行归类，并形成产品造型物理特征库。最后，采用语义差异法、意象看板等方法和工具，通过设计师的想象构思和联想强化等思维加工过程，将产品的造型、色彩、材质、装饰等物理特征元素和特定传统文化理念相结合，从而表达汽车造型的文化主题意象，进而形成承载民族文化语义的产品造型概念设计，展现产品设计的文化意向功能。

传统设计思想的现代转化是一个很有现实意义的课题，同时也是一个富有挑战性的研究方向，本文中笔者从设计文化主题确定和设计策略两个方面对该问题进行了初步的、还很不成熟的探讨，希望有更多的设计学人参与进来，在该领域做出更大的贡献。

第7章 结论

"思想之路自身隐藏着深奥莫测的东西,那就是:我们能够向前和向后走,甚至返回之路才能引导我们向前"[208]。我们之所以可以追思存在,那是因为思想与存在有着原初的本性关联。因此,只有回到思想的开端处,才会找到这种关联,找回已迷失了的存在的意义。古希腊哲学家关于思想和存在之关系的思辨隐约地告诉人们也许应该返回传统的语境中才能挖掘存在与思想在始源处的密切关联。传统制器造物活动已然成为了历史存在,然而只要有存在必然有思想,揭示传统造物思想与存在的密切关联也许是启发现代设计的关键。设计思想包括所有关于设计的认识和思考,是为人造物和所造物为人服务的双向交替中产生的创造性思维的总和。器物设计思想是古代造物者制器造物过程中的理性经验凝聚,同时也是古代思想先哲关于造物的哲学思辨结晶。设计思想本身呈现出跨时代、跨地域的永恒性和规律性,同时还受到社会人文、自然地理、政治经济等层面的影响和渗透,呈现出强烈的时代文化特征。

本文以人为事物属性框架为主线,结合事理学的相关研究成果对商至秦时期的独辀马车设计及设计思想进行系统研究。首先从设计和使用双重角度系统考察了商至秦独辀车的"人类活动情境",在此基础上,分转动、曳引、承载、系驾四个部分对商至秦独辀马车部件结构及原理进行分析,并对古车发展历程和演进逻辑进行论述。分别从形制、结构、材料工艺、装饰四个层面提取了作为"物理对象"的商至秦独辀马车设计制作的形态模式、经验规范、方法原理等,完成对商至秦独辀马车"成器范式"的探研。然后,从造物观念价值、形式意味、设计认知策略等层面归纳和挖掘了商至秦独辀马车的十个设计思想特征,并从设计主题、形式与功能、人物关系等几个方面对传统设计思想进行现代释读。最后,从设计主题确立及设计方法两个层面对传统设计思想的现代转化应用做初步探讨和展望。

论文研究成果和主要创新点,按照理论、设计思想研究和现代阐释及应用三个层面总结如下:

论文在理论层面的成果和创新点主要包括:

(1)基于人为事物和事理学的相关理论,对"行之人为事物"进行分类和定位,选取了商至秦独辀马车作为研究对象。在全面考察商至秦独辀车设计与使用的"人类活动情境"基础上，从转动、曳引、承载、系驾四个部分分析了商至秦独辀马车的部件构造及原理，并从使用意图的角度将商至秦独辀车分为乘用车、战车和运输车，逐个剖析其基于特定"意向功能"的"物理结构"特征。对商至秦独辀马车的发展历程和演进逻辑进行阐述和分析，完整地提出了古车发展历程中技术的演进逻辑、动力的演进逻辑以及古车设计与使用中人的逻辑关系。

（2）基于人为事物双重属性，提出了基于人为事物的物理结构和意向功能双重视角探索古代器物设计思想的研究路径。一方面从形制、结构、材料工艺、装饰等层面归纳作为"物理对象"之古车的设计制造过程中所遵循的一般规律和经验；另一方面从设计认知策略、形式意味、观念价值等层面探析作为"意向对象"之古车的设计制造及使用中所承载的设计思想，使得对于传统器物设计及设计思想的研究更加系统和科学。

（3）对行之人为事物的设计思想和文化基因古今传承模式进行研究，从人为事物的"物理结构"和"意向功能"双重属性角度，初步构建行之人为事物设计思想和文化基因的古今传承映射模型。

论文在传统器物设计思想研究层面的成果和创新点主要包括：

（1）据笔者所知，从设计艺术学的角度将商至秦时期的独辀马车作为研究对象进行系统深入地探研其设计思想和设计制作范式还是首次。研究分别从形制、结构、材料工艺、装饰四个层面归纳了商至秦独辀马车设计制造过程中体现出来的经验、规范，分析了功能、礼制、材料技术、意识形态约束下的商至秦独辀马车的"物理结构"实现方法和成器范式。从造物观念价值、形式意味、设计认知策略三个层面离析和总结了商至秦独辀马车的设计思想。造物观念价值主要从"人为物本、物职所宜""引重致远，以利天下""以礼定制，尊礼用器"三个方面来阐述了商至秦独辀马车设计及使用中"人"为本，"用"为因，"礼"为核心的价值观念。形式意味研究则从"中庸衡平；文质彬彬""轸方象地；盖圜象天"两个方面分析了商至秦独辀马车的形式和谐美原则、文质关系以及传统造物立象见意思维。设计认知策略主要从"审曲面势，以饬五材""巧者和之；合而为良"分析商至秦独辀马车造物设计制作方法；从"为轮，斩三材必以其时"阐述商至秦独辀马车的设计制作中的"天时地气"设计原则；从"轮人有规，匠人有矩""古之为车，工无二伎"归纳商至秦独辀马车设计制造过程中的设计管理和分工思想。

（2）结合现代设计"语境"的相关研究，对古代造物"天时地气"观念进行剖析，分析了设计语境的纵向时序变迁特征和横向地域差异特征。结合现代设计程序、设计组织和设计稽核的设计管理方法和原理，对古代造物"法仪规矩"思想进行了全面剖析，得出我国在先秦时期已经形成了设计和生产管理的有效措施和方法的结论。

论文在传统器物设计思想现代阐释及案例应用层面的成果和创新点主要包括：本文将传统设计思想进行现代阐释，归纳了传统设计"中庸、和合、尚礼"的主题意象及其对于现代设计本土化的启示。将传统造物"文质关系"与现代设计理念中"形式与功能"理论相结合，考察西方现代设计运动中的"文质关系"发展历程。关于人与物的关系，阐述了传统造物"人为物本"的设计思想本质特征，分析了"以机器为本""以环境为本"等设计理念的本质和优缺点。在传统器物设计思想的现代转化应用方面，分别从设计主题确立以及设计策略两个阶段作了初步探讨和展望。

然而限于各种客观原因，研究中不免有一些不足和有待深入之处，现总结如下：首先，在理论框架和研究方法层面。本文主要是基于人为事物的双重属性针对古车"物理结构"和"意向功能"进行研究，进而提取古车设计思想，在古车"物理结构"和"意向功能"属性之间的转化及映射研究方面尚待进一步深入。古车设计思想提取和离析过程主要采用文献研究和实物考察相结合的方法，还可以采用更加科学和先进的方法。其次，本文在传统设计思想现代转化应用方面主要采用和现代设计理念进行互读互释的方式，在结合现代设计方法逻辑和思维模式对古代器物设计思想进行系统研究方面略显不足。在传统设计思想现代转化应用层面仅作了初步探讨和展望，有待进一步具体深入。再次，限于各种客观局限本文对于同时期的西方古车材料涉及较少，在中西方古车设计制造对比研究方面有待深入。

五千年的厚重文化历史造就了中国优秀的造物设计思想，是我们今天取之不尽、用之不竭的文化资源，弘扬中国的传统器物文化是我们义不容辞的责任！

参考文献

[1] 赵江洪. 设计艺术的含义. 长沙：湖南大学出版社，1999，9

[2] 李砚祖. 设计的智慧——中国古代设计思想史论纲. 南京艺术学院学报，2008，(4)：27-32，80

[3] Jonas W. Design as Problem-Solving? or: Here is the Solution - What was the Problem? The Re-Integration of Industrial Design and Engineering Design in Proceedings of ICED 88, Budapest, 1988, 3: 46-54

[4] 何新著. 古本老子《道德经》新解. 北京：时事出版社，2002，105-179

[5]（战国）庄周著，张京华注. 庄子注解. 长沙：岳麓书社出版发行，2008，167-278

[6] 陈浦清注释. 孟子注释. 广州：花城出版社，2008，84-113

[7] Needham J. Science and Civilization in China. London: Cambridge University Press, 1954, 551-552

[8] 徐飚. 成器之道——先秦工艺造物思想研究. 南京：江苏美术出版社，2008，7-181

[9] 吴卫. 中国古代升水器械设计思想特征探析：[清华大学博士学位论文]. 北京：清华大学，2005，14-150

[10] 诸葛铠. 裂变中的传承. 重庆：重庆大学出版社，2007，自序

[11] 柳冠中，蒋红斌. 中国古代设计——事理学系列研究（下）. 北京：高等教育出版社，2007，1-518

[12] 徐飚. 先秦器物设计初探. 南京艺术学院学报（美术及设计版），1999，(4)：65-68

[13] 朱广宇. 论中国古代陶瓷所体现的造物艺术思想：[东南大学博士学位论文]. 南京：东南大学，2005，1-170

[14] 朱广宇. 论中国古代礼器与祭器发展中艺术设计思想的转变. 艺术百家，2006，(6)：133-136

[15] 程颖. 权重衡平中国传统权衡器具设计研究：[南京艺术学院博士论文]. 南京：南京艺术学院，2008，1-134

[16] 许衍军. 中国传统造形在家电设计中的应用研究：[江南大学硕士学位

论文]．无锡：江南大学，2008，1-49

[17] 李砚祖．工艺美术概论．北京：中国轻工业出版社，2003，153-161

[18] 李砚祖．"以天合天"：庄子的设计思想评析．南京艺术学院学报，2009，(1)：15-20

[19] 李砚祖．"开物成务"：《周易》的设计思想初探．南京艺术学院学报，2008，(5)：4-7

[20] 李砚祖．人伦物序——《礼记》的设计思想．南京艺术学院学报，2009，(122)：53-58

[21] 杭间．中国工艺美学思想史．太原：北岳文艺出版社，1994，14-17

[22] 李立新．中国设计艺术史论．天津：天津人民出版社，2004，1-232

[23] 陈正俊．《尚书》艺术设计史论的价值分析．苏州大学学报（工科版），2004，24（3），6-7

[24] 谭秀江．中国古代设计思想泛论．华南理工大学学报（社会科学版），2000，2（1）：37-44

[25] 郭廉夫．《淮南子》设计思想探议．装饰，2006，(11)：96-97

[26] 梅映雪．《周易》中的工艺文化设计美学思想——论建立有民族优良"道器"文脉的"有机设计体系"．美术观察，2003，(6)：76-78

[27] 肖屏．《考工记》设计思想探析．武汉科技学院学报，2005，18（7）：41-44

[28] 陈见东．亚里士多德"四因说"与《考工记》造物原则比较．装饰，2006，(12)：98-99

[29] 诸葛铠．图案设计原理．南京：江苏美术出版社，1998，259

[30] 潘鲁生．中国民间美术工艺学．南京：江苏美术出版社，1992，49

[31] 梁町．"可持续设计"本土化的探讨及对中国工业设计教育的启示（演讲稿）．2002年全国工业设计研讨会，2002

[32] 刘克明，杨叔子．中国古代机械设计思想与设计方法的研究：[华中理工大学博士学位论文]．武汉：华中理工大学，2000，1-150

[33] 郑若葵．试论商代车马葬．考古，1987，5：462-649

[34] 郑若葵．20世纪中国车马坑考古．文物天地，2002，2：8-14

[35] 吴晓筠．商周时期车马埋葬研究：[北京大学博士学位论文]．北京：北京大学，2003，1-209

[36] 赵海洲．东周秦汉时期车马埋葬研究：[郑州大学博士学位论文]．郑州：郑州大学，2007，1-137

［37］郭宝钧. 殷周车器研究. 北京：文物出版社，1998，1-70

［38］孙机. 中国古独辀马车的结构. 文物，1985，（8）：25-40

［39］王振铎，李强. 东汉车制复原研究. 北京：科学出版社，1997，1-120

［40］刘永华. 中国古代车舆马具. 上海：上海辞书出版社，2002，68

［41］Yuan Zhongyi et al. An introduction of the Standardization of the Bronze Chariots and Horses from Qinshihuang's Tomb. ACTA Universitatis Agriculturalis Boreali-Occidentalis，1995，23：94-96

［42］袁仲一，程学华. 秦始皇陵铜车马发掘报告. 北京：文物出版社，1998，1-120

［43］袁仲一. 秦陵铜车马有关几个器名的考释. 考古与文物，1997，5：24-31

［44］党士学. 试论秦陵一号铜车马. 文博，1994，6：92-105

［45］赵士祯. 秦陵铜车马与秦车马制——论铜车马的产生、特点及地位：[西北大学硕士学位论文]. 西安：西北大学，2005，1-47

［46］渠川福. 太原晋国赵卿墓车马坑与东周车制散论. 太原晋国赵卿墓. 北京：文物出版社，1996，351-364

［47］李强. 论汉代车轮. 自然科学史研究，1996，4：20-25

［48］戴吾三.《考工记》中轮之检验新探. 中国科技史料，2000，2：147-151

［49］张方涛，常军. 略谈两周时期无键车辖，中原文物，2006，5：85-86

［50］朱思红，宋远茹. 伏兔、当兔与古代车的减震. 考古与文物，2002，3：85-88

［51］刘克明，杨叔子. 先秦车轮制造技术与抗磨损设计. 华中科技大学学报（人文社会科学版），1997，（1）：115-119

［52］党士学. 秦陵铜车马的舆底结构、牵引关系与力学应用. 咸阳师范学院学报，2007，2（5）：7-11

［53］黄富成. 先秦马车构造技术探讨——关于重心平衡的问题. 华夏考古，2006，(4)：53-60

［54］黄富成. 两周独辀马车构造技术的探索：[郑州大学硕士论文]. 郑州：郑州大学，2004，1-46

［55］胡永庆. 中国古代细木工榫接合工艺的起源与发展. 华夏考古，1989，(2)：100-109

[56] 张彦煌, 张岱海, 胡良仙, 甘明轩. 殷车的复原与古车制作的若干工艺试探. 文物世界, 1994, 4: 32-41

[57] 贺陈弘, 陈星嘉.《考工记》独辀马车主要组件之机械设计. 清华学报（台湾）, 1994, 24（4）: 419-450

[58] 李民, 王星光. 略论《考工记》车的制造及工艺. 河南师范大学学报（哲学社会科学版）, 1985, 2: 66-72

[59] 李民, 王星光. 略论《考工记》车的制造规范. 河南师范大学学报（哲学社会科学版）, 1987, 1: 57-61

[60] 孙机. 中国古马车的三种系驾法. 中国古舆服论丛. 北京: 文物出版社, 1993, 52-61

[61] 孙机. 从胸式系驾法到鞍套式系驾法——我国古代车制略说. 考古, 1980, 5: 448-460

[62] 孙机. 中国古代马车的系驾法. 自然科学史研究, 1984, 3（2）: 169-176

[63] 郑若葵. 论商代马车的形制和系驾法的复原. 东南文化, 1992, 6: 13-20

[64] 郭宝钧. 浚县辛村. 北京: 科学出版社, 1964, 1-74

[65] 石璋如. 殷墟墓葬之二·中组墓葬, 历史语言研究所, 台北版, 1972, 15

[66] 杨宝成. 殷代车子的发现与复原. 考古, 1984, 6: 546-555

[67] 杨宝成. 商代马车及其相关问题研究. 华夏考古, 2002, 4: 54-64

[68] 张长寿, 张孝光. 殷周车制略说. 中国考古学研究——夏鼐先生考古五十年纪念论文集, 北京: 文物出版社, 1986, 139-162

[69] 吴晓筠. 商至春秋时期中原地区青铜车马器形式研究:[北京大学硕士学位论文]. 北京: 北京大学, 2000, 1-105

[70] 杨泓. 战车与车战二论. 故宫博物院院刊, 2000,（3）: 36-52

[71] 杨英杰. 战车与车战. 长春: 东北师范大学出版社, 1986, 1-286

[72] 郭物. 国之大事——中国古代战车战马. 成都: 四川人民出版社, 2004, 1-160

[73] 曾永义. 仪礼车马考. 台北: 中华书局, 1986

[74] 杨文胜. 试探《诗经》中的先秦马车. 中原文物, 1996, 2: 50-55, 60

[75] 杨之水. 诗经名物新证. 北京: 北京古籍出版社, 2000, 38-42

[76] 张连举. 论车在《诗经》中的意象传承. 河南教育学院学报（哲学社

会科学版），2007，26（4）：76-79

[77] 戴吾三，张鸳中. 周代车的社会功能和文化表现. 中国文化研究，2000，28：65-69

[78] 黄富成，衡云花. 殷周贵族行车礼俗探析. 华夏考古，2004（2）：53-57

[79] 林已奈夫（日）. 周礼考工记之车制. 东方学报. 京都（第三十册），1959，275-310

[80] 王海城，林梅村. 东西方早期马车的比较研究：[北京大学硕士学位论文]. 北京：北京大学，2000，1-62

[81] 钟正基.《考工记》车的设计思想研究：[武汉理工大学硕士学位论文]. 武汉：武汉理工大学，2007，1-46

[82] 麦秀好，沈法. 论中国古代车辆设计思想. 包装工程，2006，27（3）：165-167

[83] 欧阳晋焱. 秦汉车辆设计思想研究：[清华大学硕士学位论文]. 北京：清华大学，2006，1-40

[84] 张春辉，游战洪，吴宗泽，刘元亮. 中国机械工程发明史. 北京：清华大学出版社，2004，12-171

[85] 马克思（德），恩格斯（德）. 马克思恩格斯选集（第3卷）. 北京：人民出版社，1972，467

[86] 林益. 一般系统论研究的过去、现在和未来（上）. 空军工程大学学报（自然科版），2001，2（6）：1-6

[87] Laszlo E. The meaning and significance of general systems theory. Behavioral Science，1995，20：9-24

[88] 李砚祖. 论设计美学中的"三美". 黄河科技大学学报，2003，1：62

[89] 王国维. 古史新证. 北京：清华大学出版社，1994，1-3

[90] 李学勤. "二重证据法"与古史研究. 清华大学学报（哲学社会科学版），2007，22（5）：5-6

[91] 童恩正. 文化人类学. 上海：上海人民出版社，1989：9

[92] 张凌浩. 基于文化人类学观点的设计研究. 装饰，2006，158：14-15

[93] Abu-Lughod L. Writing Women's Worlds：Bedouin Stories. Berkeley：University of California Press，1993

[94] 黑格尔（德）. 逻辑学（下卷）. 杨一之译. 北京：商务印书馆，1976，40

[95] 孙慕天. 比较文化、比较哲学和比较科学哲学. 自然辩证法研究，2007，23（1）：89-94

[96] 德克霍夫(加). 文化肌肤——真实社会的电子克隆. 汪冰译. 保定: 河北大学出版社, 1998, 200-208

[97] Hu Wei-feng, Zhao Jiang-hong. Study on Styling Image and Brand Identity of Vehicle based on Mechanism Constraints. In: The 7th International Conference on Computer-Aided Industrial Design &Conceptual Design. US: IEEE Press, 2006, 126-130

[98] http://auto.sohu.com/20040827/n221767739.shtml

[99] 陈静仪. 中国的汽车设计缺少中国元素. 中国汽车报, 2004-11-1(16)

[100] 西蒙(美). 关于人为事物的科学. 杨砾译. 北京: 解放军出版社, 1988, 11

[101] 王德伟. 试论人工物的基本概念. 自然辩证法研究, 19(5): 44-48

[102] P Kores A Meijers. The Dual Nature of Technical Artifacts-presentation of a new research programme. Journal of the Society for Philosophy and Technology, 2002 (20): 35-46

[103] Kroes P A. Design methodology and the nature of technical artifacts. Design Studies, 2002, 3: 287-302

[104] Losonsky M. The nature of artifacts. Philosophy, 1990, 65: 81-88

[105] Rosenman M A, Gero J S. Purpose and function in design: from the socio-cultural tothe techno-physical. Design Studies, 1998, 19: 161-186

[106] Hao Tan, Jianghong Zhao, Wei Wang. Scenario-based Design Knowledge Acquiring and Application in Collaborative Product Design. Proceedings 2006 10th International Conference on Computer Supported Cooperative Work in Design, Nanjing, 336-342

[107] 潘恩荣. 设计的哲学基础与意义——自然主义式的认知. 自然辩证法通讯, 2006, 28(5): 43-47

[108] 柳冠中. 事理学论纲. 长沙: 中南大学出版社, 2006, 6-20

[109] (汉)许慎撰, (宋)徐铉校订. 说文解字. 北京: 中华书局, 2004, 44-62, 185

[110] 徐中舒. 说文解字段注. 成都: 成都古籍出版社, 1981, 136

[111] 徐莉莉 詹鄞鑫. 尔雅: 文词的渊海. 上海: 上海古籍出版社, 2008, 218

[112] 张善文注释. 周易. 广州: 花城出版社, 2001, 149, 255-308

[113] 李砚祖. 设计艺术学研究的对象及范围. 清华大学学报(哲学社会

科学版），2003，18（5）：69-80

[114] 安旗，阎琦. 国学大讲堂：李白诗集导读. 北京：中国国际广播出版社，2009，227

[115] 亚里士多德（古希腊），吴寿彭译. 形而上学. 北京：商务印书馆，1959，137，3

[116] 尚·布希亚（法）. 物体系. 林志明译. 上海：上海人民出版社，2001，85-86

[117] 司空图撰. 诗品二十四则. 上海：上海广益书局，1985，1

[118] 詹姆斯（美）. 地理学思想史. 李旭旦译. 北京：商务印书馆，1982，25

[119] 侯甬坚. 历史地理学探索. 北京：中国社会科学出版社，2004，83-84

[120] 刘节著. 古史考存. 北京：人民出版社，1958，89

[121] 戴吾三. 考工记图说. 济南：山东画报出版社，2002，17-80

[122] 曹建国，张玖青注说. 国语. 开封：河南大学出版社，2008，129-130，309

[123] 兆基编选. 诗经. 北京：宗教文化出版社，2001，216-249，299

[124]（汉）司马迁著，李杰主编. 史记. 哈尔滨：哈尔滨出版社，2003，44，7，472

[125] 中国文化经典直解编委组·礼记直解. 杭州：浙江文艺出版社，2002，337

[126] 孔丘（著），吴兆基（编译）. 论语. 北京：宗教文化出版社，2001，27，83-191，242-248

[127]（战国）荀况 著，蒋南华，罗书勤，杨寒清 注译. 荀子全译. 贵阳：贵州人民出版社，2008，1，56，98-153，334-480

[128] 梁鸿编选. 礼记. 长沙：时代文艺出版社，湖南文艺出版社，2003，11-232

[129] 杨天宇撰. 周礼译注. 上海：上海古籍出版社，2004，280-391

[130] 刘柯，李克和. 管子注释. 哈尔滨：黑龙江人民出版社，2003，85，391，558

[131] 辛志凤，蒋玉斌等. 墨子注释. 哈尔滨：黑龙江人民出版社，2003，11-25，126-153，204-223，426

[132] 葛荣晋著. 中国哲学范畴通论. 北京：首都师范大学出版社，2001，180-195，575-576

[133] 冯友兰. 中国哲学史（下册）. 上海：华东师范大学出版社，2000，

243-244

［134］张岱年. 中华的智慧——中国古代哲学思想精粹. 上海：上海人民出版社1999，290-380

［135］陈广忠注译. 淮南子译注. 长春：吉林文史出版社，1990，367-389，501，830-899

［136］刘培育主编. 中国古代哲学精华. 兰州：甘肃人民出版社，1992，478

［137］何宗旺译. 左传. 乌鲁木齐：新疆人民出版社，2002，317-370，446，628-666

［138］服部千春（日）. 孙子兵法校解. 北京：军事科学出版社，1987，299

［139］李民，王健撰. 尚书译注. 上海：上海古籍出版社，2004，233-270，44-88

［140］L. S. 斯塔夫里阿诺斯（美）. 全球通史——1500年以前的世界. 上海：上海社会科学出版社，1988，57

［141］刘爱兰. 民族大迁徙对中西文化发展的影响. 中央民族大学学报（哲学社会科学版），2005，（5）：57

［142］张峻. 论秦汉时期的民族迁徙. 西南民族大学学报（人文社科版），2006，27（8）：26-30

［143］张觉（等著）. 韩非子导读. 北京：中国国际广播出版社，2009，234-274

［144］王玉仓. 科学技术史. 北京：中国人民大学出版社，2004，21

［145］沈鸿. 中国大百科全书. 机械工程. 北京：中国大百科全书出版社，1987，465

［146］吉崎昌一（日）. 马与文化. 曹兵海，张秀萍译. 农业考古，1987，（2）：10-11

［147］佚名撰，周渭卿校. 二十五别史（1）世本. 济南：齐鲁书社，2000，67

［148］陈宁. 从国有养马业看秦制源于《周礼》. 邢台学院学报，2005，（3）：9

［149］睡虎地秦墓竹简整理小组编. 睡虎地秦墓竹简. 北京：文物出版社，1990，91-95

［150］北京大学哲学系外国哲学史教研室编译. 西方哲学原著选读（上卷）. 北京：商务印书馆，1981，33

［151］刘熙撰. 释名. 北京：中华书局，1985，115-120

[152] 钟少异, 钟锡华. 论商周独辕马车的系驾方式——古独辕马车平衡保护装置的发现. 第一届中日机械技术史国际学术会议, 1998, 22-26

[153] 郑若葵. 论中国古代马车的渊源. 华夏考古, 1995, (3): 41-55

[154] Kruk J, Bakker J A. The earliest Evidence of Wheeled Vehicles in Europe and the Near East. Antiquity, 1999, 73 (282): 778-790

[155] http://www.studa.net/lishi/080806/10413058.html

[156] М. П. 格里亚兹诺夫; О. И. 达维母; К. М. 斯卡郎. 阿尔泰巴泽雷克的五座古塚. 考古, 1960 (7): 63-69

[157] Piggott S. The Earliest Wheeled Transport: From the Atlantic Coast to the Caspian Sea. London and New York: Thames and Hudson, 1983, 41-42

[158] A. Sherratt. Plough and Pastoralism. In 1. Hodder et al (ed.) Pattern of the Past. Cambridge: Cambridge University Press, 1981, 261-305

[159] Anthony W, Wagon H, Chariot. Indo-European Language and Archaeology. Antiquity, 1995, 69: 554-565

[160] Anati E. Bronze Age Chariots from Europe. Proceedings of Prehistorical Society, 1960, 26: 50-63

[161] 龚缨晏. 车子的演进与传播——兼论中国古代马车的起源问题. 浙江大学学报 (人文社会科学版), 2003, 33 (3): 26-27

[162] 杨建华. 从晋陕高原"勺形器"的用途看中国北方与欧亚草原在御马器方面的联系. 西域研究, 2007 (03): 110-115

[163] 盖山林. 蒙古高原青铜时代的车辆岩画 [A]. 盖山林, 盖山林文集 [Z], 哈尔滨: 黑龙江教育出版社, 1995, 74-89

[164] 薛娟. 师法天地, 行以载道——从几个考古新发现解读中国古代车马设计观. 文博, 2007, (4): 26-29

[165] 朱思红, 宋远茹. 伏兔、当兔与古代车的减震. 考古与文物, 2002, (3): 85-88

[166] 黄文新. 先秦马车乘坐方式及乘员. 江汉考古, 2007, (3): 67-72

[167] 瞿兑之. 汉代风俗制度史. 上海: 上海文艺出版社, 1991, 12

[168] 司马迁. 史记. 北京: 中华书局, 1982, 2545

[169] 班固. 汉书. 北京: 中华书局, 1962, 2317

[170] (战国) 吕不韦门客著, 关贤柱, 廖进碧, 钟雪丽译注. 吕氏春秋全译 (下). 贵阳: 贵州人民出版社, 2009, 193, 467

[171] 石璋如. 小屯殷代的成套兵器. 历史语言研究所集刊, 1950, 46

［172］卢连成，胡智生. 宝鸡茹家庄、竹园沟基地出土兵器的初步研究——兼论蜀式兵器的渊源和发展. 陕西历史博物馆编. 周文化论集. 西安：三秦出版社，1993，78

［173］舒韶雄. 中国古代车与马的关系. 湖北广播电视大学学报，2003，20（1）：124-127

［174］（南朝宋）范晔撰，后汉书，郑州：中州古籍出版社，1996，206

［175］斯坦列·丁奥尔森（美）. 中国北方的早期驯养马. 殷志强译. 考古与文物，1986，(1)：89-91

［176］（汉）伏胜撰. 尚书大传. 北京：中华书局，1985，10

［177］杨伯峻. 春秋左传注（修订本）. 北京：中华书局，1981，793

［178］（晋）葛洪著顾久译注. 抱朴子内篇全译. 贵阳：贵州人民出版社，1995，302

［179］朱光潜. 西方美学史. 北京：人民文学出版社，1979，68

［180］柴尔德著，周进楷译. 远古文化史. 上海：上海文艺出版社，1990，60

［181］乐燕平. 反杜林论（哲学编）解说. 石家庄：河北人民出版社，1987，195

［182］友今，维巍编. 吴子. 北京：华艺出版社，1992，97

［183］蔡元培. 蔡元培美学文选. 北京：北京大学出版社，1983，86-87

［184］王世襄. 中国古代漆工艺. 中国美术全集·工艺美术编8. 北京：文物出版社，1989，2-3

［185］谢崇安. 商周艺术. 成都：巴蜀书社，1997，58

［186］恩格斯. 自然辨证法. 北京：人民出版社，1972，18，24

［187］马克思（德），恩格斯（德）. 马克思恩格斯全集（第25卷）. 北京：人民出版社，1974，99

［188］方大左 著. 资本论引读. 北京：中央编译出版社，1999，221

［189］Qian Xiaokang et al. A Preliminary Discussion on the Origin of the System of Caving Names on the Manufactures in Qin Dynasty. ACTA Universitatis Agriculturalis Boreali-Occidentalis，1995，23：112-117

［190］张政烺，日知编. 云梦竹简（Ⅱ）秦律十八种. 长春：吉林文史出版社，1990，45

［191］邵宏 严善錞. 岁月铭记：中国现代设计之路学术研讨会文集. 长沙：湖南科学技术出版社，2004，130

［192］陈见东. 亚里士多德"四因说"与《考工记》造物原则比较. 装饰，

2006，（12）：98-99

［193］余仕麟．孔子"中庸"思想与亚里士多德"中道"思想之比较．北京大学学报（哲学社会科学版），2003，(S1)：16-22

［194］顾颉刚．《古史辨》第三册．上海：上海古籍出版社，1982，42、61

［195］赵辉．易象思维的特征及文化表达．文艺研究，2007（6）：43-51

［196］李文芳．基于礼制的中国传统建筑分析．河北建筑工程学院学报，2008，26（2）：67-69

［197］（春秋）孔丘著，吕平编．孝经．乌鲁木齐：新疆青少年出版社，1996，41

［198］王强模译注．列子全译．贵阳：贵州人民出版社，1993，6

［199］李浴华，马银华译注．论语·大学·中庸诸子百家卷．太原：山西古籍出版社，2003，244

［200］Jay P. McCormack, Jonathan Cagan. Speaking the Buick language: capturing, understanding, and exploring brand identity with shape grammars. Design Studies, 2004, 25: 1-29

［201］胡伟峰，赵江洪，赵丹华．基于造型特征线的汽车造型意象研究．中国机械工程，2009，20（4）：496-500

［202］何人可．工业设计史．北京：高等教育出版社，1991，161，131-134

［203］王战．功能与美的角逐——西方现代设计艺术风格论．长沙：湖南师范大学出版社，2008，105，82，128-129

［204］威廉·莫里斯（英）．艺术与社会主义．杨烈译．西方文论选（美术与设计版），上海：上海译文出版社，1979，90

［205］奚传绩．设计艺术经典论著选读．南京：东南大学出版社，2002，10-11

［206］欧阳晋焱，周爱民．论工业设计与"以人为本"．装饰，2006，（8）：18

［207］亨利·戴维·梭罗（美）．瓦尔登湖．徐迟译．上海：上海译文出版社，1982，33

［208］张贤根．存在·真理·语言——海德格尔美学思想研究．武汉：武汉大学出版社，2004，20

后 记

传统制器造物活动已然成为历史存在，然而只要有存在必然有思想，揭示传统造物思想与存在的密切关联也许是启发现代设计的关键。设计思想包括所有关于设计的认识和思考，是为人造物和所造物为人服务的双向交替中产生的创造性思维的总和。器物设计思想是古代造物者制器造物过程中的理性经验凝聚，同时也是古代思想先哲关于造物的哲学思辨结晶。设计思想本身呈现出跨时代、跨地域的永恒性和规律性，同时还受到社会人文、自然地理、政治经济等层面的影响和渗透，呈现出强烈的时代文化特征。

本书写作期间笔者先是大量阅读了相关文献资料，对于古代车辆尤其是先秦独辀马车进行系统的文献资料研究，重点对于先秦独辀马车的使用情境和设计情境、发展历程和演进逻辑、设计制造范式和设计思想等方面进行深入的知识学习和研究分析。在此基础上，笔者对先秦独辀马车进行了田野调查，实地考察了八个中国古代车马坑遗址及博物馆，分析了上百辆古车的案例材料，并对经典的古车案例利用三维建模软件进行了数字复原。笔者在大量文献资料研究和实地田野考察的基础上，开始撰写本书，数易其稿，终于付梓。

然而限于各种客观原因，研究中不免有一些不足和有待深入之处，现总结如下：首先，在理论框架和研究方法层面。本书主要是基于人为事物的双重属性针对古车"物理结构"和"意向功能"进行研究，进而提取古车设计思想，在古车"物理结构"和"意向功能"属性之间的转化及映射研究方面尚待进一步深入。古车设计思想提取和离析过程主要采用文献研究和实物考察相结合的方法，还可以采用更加科学和先进的方法。其次，本书在传统设计思想现代转化应用方面主要采用和现代设计理念进行互读互释的方式，在结合现代设计方法逻辑和思维模式对古代器物设计思想进行系统研究方面略显不足。在传统设计思想现代转化应用层面仅作了初步探讨和展望，有待进一步具体深入。再次，限于各种客观局限本书对于同时期的西方古车材料涉及较少，在中西方古车设计制造对比研究方面有待深入。

本书得到了"江南大学产品创意与文化研究中心、中央高校基本科研业务费专项资金（2017JDZD02）"专项资助，特表感谢！感谢淄博、洛阳、三门峡、西安等地相关博物馆，在本研究实地考察时给予的帮助和大力支持！感谢本书参考文献中对于古车研究做出贡献的专家和学者,你们宝贵的研究成果对本书的研究与写作起到了重要的支撑作用。感谢我的家人,在本书写作时期给予我无穷的鼓励、帮助和理解!感谢所有在本书研究与写作中给予过帮助的人!

由于本人时间和精力有限,本书中的相关研究肯定有不足或者不妥当之处,欢迎各位专家和读者不吝赐教,切磋交流,共同提高。

胡伟峰

2017年11月22日